物业管理与和谐社区建设

WUYE GUANLI YU HEXIE SHEQU JIANSHE

主　编｜李预兵　黄　斌
副主编｜李　鹏　张书兵　陈祥磊

重庆大学出版社

图书在版编目(CIP)数据

物业管理与和谐社区建设/李预兵,黄斌主编.—重庆:
重庆大学出版社,2015.1
ISBN 978-7-5624-8798-2

Ⅰ.①物… Ⅱ.①李…②黄… Ⅲ.①社区管理—物业管理—中国—文集②社区建设—中国—文集 Ⅳ.①F299.233.3-53②D669.3-53

中国版本图书馆 CIP 数据核字(2015)第 013452 号

物业管理与和谐社区建设

主 编 李预兵 黄 斌
副主编 李 鹏 张书兵 陈祥磊
策划编辑:林青山 王 婷
责任编辑:李定群 姜 凤 版式设计:王 婷
责任校对:关德强 责任印制:张 策

*

重庆大学出版社出版发行
出版人:邓晓益
社址:重庆市沙坪坝区大学城西路 21 号
邮编:401331
电话:(023) 88617190 88617185(中小学)
传真:(023) 88617186 88617166
网址:http://www.cqup.com.cn
邮箱:fxk@cqup.com.cn(营销中心)
全国新华书店经销
重庆川外印务有限公司印刷

*

开本:787×1092 1/16 印张:9.5 字数:160 千
2015 年 1 月第 1 版 2015 年 1 月第 1 次印刷
ISBN 978-7-5624-8798-2 定价:38.00 元

Foreword 前言

经历了春的播种，夏的耕耘，秋实累累的喜悦已为期不远，哪怕它眼前还只有纽扣大小，有的还青涩难咽，毕竟它已成实，它正在努力地填充自己、膨胀自己、酝酿自己，为的是给人们以惊喜、以回报！

只有你亲自参与过从种子到开花再到结果的全过程，才能真正品出它的甘苦。并不是每一粒种子都会一帆风顺地变为枝头的硕果，就像古人曾预言过的那样："天将降大任于斯人也，必先苦其心志，劳其筋骨，饿其体肤，空乏其身，行拂乱其所为……"它——小小的秋实，也没少过风吹雨打，日晒霜冻，有时还得与虫子作斗争。值得庆幸的是，它终于熬过来了，苦过来了，身子正在一天天结实，甜分正一天天增多，树枝也正以坚硬的臂膀等待着它们成熟！

虽然秋实算得上一个圆满的句号，但还不能算是终止符。它不过是无限漫长的全过程中的一小段，它后面的路还很长、很长……

现在呈现在大家面前的这串"果实"，多数是从西南大学在三峡联合职业大学物业管理学院举办的现代法学与物业管理研究方向研究生课程班学员们的习作中精选出来的。学员们一边工作一边学习，还要挤时间写论文，十分辛苦。但是他们没有怨言，而且尽最大努力把学得的知识与实际工作相结合，沉思默想，从中总结出值得借鉴的经验与应当铭记的道理，其中不乏真知灼见。在编者们的热忱帮助下和重庆大学出版社的大力支持下结集出版。一方面留作纪念，另一方面也希望与同行相互交流与借鉴，获得帮助与批评。不足之处，祈望赐教。

编者

2014 年 8 月

前 言

Contents 目录

第1篇 和谐社区建设

第 1 篇
和谐社区建设

以科学发展观创建和谐社区

李　鹏

党的十六大以来,以胡锦涛为总书记的党中央明确提出:“坚持以人为本,树立全面、协调、可持续的发展观,促进经济社会和人的全面发展。”强调“科学发展观是我们党从新世纪新阶段党和国家事业发展全局出发提出的重要指导思想”,要“以科学发展观统领经济社会发展全局,并切实贯穿于经济社会发展的各个方面”。

党的十六届四中全会提出了构建社会主义和谐社会的战略任务。胡锦涛同志指出:“建设社会主义和谐社会要加强城市基层自治组织建设,从建设和谐社区入手,使社区在提高人民生活水平和质量上发挥服务作用。在密切党和政府同人民群众的关系上发挥桥梁作用,在维护社会稳定,为群众创造安居乐业的良好环境上发挥促进作用。”

本文以和谐社区为视角,在广泛调查了解各地和谐社区建设现状的基础上,概括出了以科学发展观创建和谐社区的三元素:开发商、业主委员会、物业服务企业。

社区是社会的基本单元,是人们社会生活的共同体和人居的基本平台,社区和谐是社会和谐的基础。加强社会管理的重心在社区,改善民生的依托在社区,维护稳定的根基在社区。实践证明,和谐社区建设事关党和国家大政方针的贯彻落实,事关人民群众的切身利益,事关城乡基层的和谐稳定。

当前,随着工业化、信息化、城镇化、市场化、国际化的深入发展,我国正处在社会结构深刻变动、利益格局深刻调整、思想观念深刻变化的重要时期,社区日益成为各种利益关系的交会点、各种社会矛盾的集聚点、社会建设的着力点和党在基层执政的支撑点。做好和谐社区建设工作,对于保障城乡困难群众的基本生活权益,满足普通居民群众多层次、多样化的物质文化生活需求,夯实我们党的执政基础,激发广大人民群众参与社会建设的积极性、主动性、创造性,为经济社会发展创造更加良好的社会环境,具有重要的现实意义和深远的历史意义。

在党和政府的统一领导下,如何从贯彻落实科学发展观的高度,从我国经济社会发展的新要求和人民群众过上美好生活的新期待的高度,把和谐社区建设摆在更加突出的位置,以科学发展观创建和谐社区,是值得我们深入研究和探讨的理论和实践问题。

一、我国创建和谐社区的概况

党的十六届四中全会后,全国各地开始了和谐社区创建工作,进行了许多有益探索,积累了许多经验,社区建设模式得到了进一步发展和完善。

(1)深圳模式

深圳市南山区和桃源居和谐社区建设的经验和特点非常典型,形成了独具特色的"南山模式""桃源居模式"。前者主要做法是寻找特色并打造"特色文化社区";后者积极探索和引进开发商对社区公共服务设施的投入和环境的改善,两者均取得了不错的建设效果。

(2)上海模式

上海市率先在全国提出并建立了"两级政府,三级管理,四级落实"的城市管理新机制,实现了管理重心下移,即通过社区自治,使市民公众参与和管理城市的现代化建设。上海模式着重发挥了业主委员会在和谐社区建设中的作用。

(3)青岛模式

在城市化进程中,"城中村"现象是许多地方普遍面临的一个新课题。青岛开发区(黄岛区)通过不断提升物业服务企业的综合管理水平,逐步构建了机制完善、环境优美、服务周到、文教发达、家园平安、关系和谐的和谐社区。

二、创建和谐社区的三元素

(一)开发商

社区是社会的基层单元,和谐社区是和谐社会的重要基础。加强和谐社区建设,是构建社会主义和谐社会的切入点和重要内容。充分发挥房地产业在和谐社区建设中的作用,有利于促进和谐社区的建设。

(1)房地产业是建设和谐社区的起点

社区形成的一般规律是先有住房,再有住户,再发展为大小规模不等的居住区。在居住区的影响和辐射下,周围的商业、文化、娱乐、服务等各种设施和社会组织应运而生，这就产生了社区。房地产业直接开发人居环境，直接生产民众的生活、学习、经营空间，是创造社会群体聚居的地方。因此，该产业也是直接“生产”社区的行业。社区是房地产业的直接产品，楼盘建设就是社区建设。无论是竹篱茅舍还是高楼大厦，都是社区所必须具备的客观物质条件。房地产的开发和建设过程，也是社区物质载体和发展空间形成的过程。

房地产是一个特殊的行业，其特殊性不仅在于对国民经济具有巨大的拉升作用，更在于其直接产品——房子的特殊性。衣、食、住、行是人类生存最基本的条件。住就离不开房，现代社会的住房在一定程度上也已成为民有（产权）、民享（安居）、民生（乐业）的象征。住房质量、价格和社区管理受到人民群众的普遍关注，成为关系到人民群众能否“安居乐业”的焦点问题。因此，高质量的房地产开发项目是创建和谐社区的物质基础，是建设和谐社区的起点。

房地产业是建设和谐社区的起点，主要体现在以下几个方面。

开发理念：首先，房地产业应该以人为本，无论什么楼盘，不论房价的高低贵贱，从规划、设计到建设，都要充分考虑当代人居环境的需要，把每个家庭每天的日常生活所需、日常生活习惯、日常生活成本放在第一位，为构建和谐社区提供经济、实用、优良的硬件和基础设施建设，确保社区的环境舒适、安全、健康和人性化。其次，要避免人为地把开发项目划分为高档区、低档区、富人区、穷人区等，这些理念本身就容易引起争论，争论就包含着一定的不和谐因素。

居住环境：要最大限度地保护和利用各种自然生态条件，实现社区与周边生态、人文、建筑等环境的和谐协调。建筑空间布局合理，要有充分的阳光、绿地、空气和水，具备良好景观的自然空间、人际交往的文化空间、健康休闲的运动空间、舒适便捷的生活空间、功能齐全的配套服务空间。

建筑质量：强化建筑的构造措施，注重建材的环保性能，保证住宅的性能品质，革新住宅的设备配置，改进管道布管方式，切实做到密闭、隔热、保温、换气、除湿、防燥、防结露、防冷桥、防噪声等。提高住宅的科技含量，合理利用土地资源与能源，降低产品能耗，建设高舒适度、低能耗、智能化住宅。积极创造条件，实施全装修成品房供应。在旧城改造和新区建设过程中，完善各项设施建设，促进城市整体功能转化，实现区域土地增值，为城市形象增添亮点。

（2）房地产业伴随着社区、业主成长

房地产业把建设和谐社区作为自己的责任与义务，坚持和社区、业主一起成长，这首先是观念上的转变和提升。传统的房地产开发，房地产项目是一个时间点的观念，开发企业在“交钥匙”这一时刻，其任务就完成了，接下来的工作由销售商去做。也就是说，传统的房地产开发只管生产，销售和售后服务是别人的事情，产品和服务是脱节的。这种观念来源于过去的计划经济和短缺经济。过去住房的所有权都是国家或者集体的，全部按照计划生产，全部由住户租用，全部由房地产部门统一管理。人们满足于有房住就不错了，房地产业只有生产，基本上没有服务的概念。

随着改革开放的深入和市场经济制度的确立，住房已成为人们最重要的私有财产。人们购买住房的要求，和过去分配、租用时相比已发生了巨大变化。改革开放以来，社区的功能也发生了巨大变化。与计划经济体制下只有少数“无单位人”才与社区相联系的情况不同，现在的社区是为广大居民群众组织活动、交流信息、提供服务的平台。目前，我国有5亿多人生活在城镇社区，每年还有大约1.4亿的流动人口流向社区，特别是约4 400万65岁以上的老年人、约2 600万移交社区管理的企业离退休职工、约2 200万城市贫困人群、约1 400万下岗失业人员更与社区密切相关，对社区的服务需求越来越多样化。因此，对于房地产开发业来说，其面临的核心问题是产品和售后服务，两者缺一不可。

从现代制造业的营销观念来看，产品和售后服务应该是密不可分的。以电脑、家用电器等产品为例，在产品的销售总额中，制造产品的部分一般只占50%~70%，其余留做售后服务。现代房地产开发企业也应确立这种理念，进行经营战略调整，为住户提供产品和售后服务的集成，把“交钥匙”这个时间“点”发展延伸为一个时间“段”，把开发行为从短线行为变成长线行为，在“交钥匙”之后，继续进入建设和谐社区阶段，为社区住户提供高质量的服务集成。

房地产业高质量的服务集成，是指房地产业突破传统的房地产概念，引进参与建设和谐社区的内涵，把楼盘建设从注重人居环境的物质层面，发展到满足住户群众包括精神层面在内的其他多层次的需求，如社区生活、居民交往、社区民风、利益关系等。

房地产业提倡和社区、业主一起成长。我们曾经和业主探讨过，“你们为什么要搬家，为什么要二次置业？”大部分人的回答是原来的住房质量差，或者是环境不好，或者是服务不好，或者是兼而有之。这些问题就是因为当年开发商建房的时候，建的这个产品是一个点，建完了就完事了，不做超前的准备。要解决这个问题，开发商就必须树立和社区、业主一同成长的概念，想社区和业主之所想。

所有的开发模式的重点都要往终端来做，更多地考虑和突出社区公共服务的部分，使业主在所在的社区越住越高兴，住房也会因为社区的成长性不断升值。这样,房地产商不但不会被业主抛弃,而且业主还会代为宣传,当房地产商开发新楼盘时,老客户就会给他带来新客户。同时,房地产业的信誉和品牌也得到了扩大和发展。

(3)以物业管理为纽带参与和谐社区建设

发挥房地产业在建设和谐社区中的作用,需要寻求具体的房地产开发项目和建设社区相结合的途径。房地产业以物业管理为纽带,积极参与到新型的城区管理模式中去,有效地推进了和谐社区的建设和发展。

物业管理是指物业服务企业受物业所有人(使用人)的委托,依据物业管理委托合同,以有偿服务的方式,依法对物业的房屋建筑及其设备、公用设施、绿化、卫生、交通、治安和环境容貌等管理项目进行维护、修缮和整治。物业公司是自主经营、自负盈亏的专业化服务组织。随着社会发展和人民生活水平的提高,物业公司也可以承担物业所有人所需要的其他委托服务。

沈阳市城建房地产开发有限公司在沈阳市大东区城建·东逸花园社区的建设中,以物业管理为纽带,积极参与创建“三位一体”的新型社区管理模式,对于房地产开发项目如何与建设和谐社区相结合具有一定的借鉴意义。

“三位一体”的新型社区管理模式,是指以社区党工委为核心,社区管委会和物业公司为两翼,全面推进社区自治、服务、学习、生态、安全等管理,使和谐社区建设取得了突破性进展。其中的物业公司是房地产开发企业的全资子公司,从开发初期就介入工作,是房地产业从生产延伸到全面服务的象征。“三位一体”的新型社区管理模式主要包含以下内容:

完善社区管理体制,促进管理创新。“三位一体”的社区管理模式,通过整合社区党建、管理、服务等各种资源,变过去的“垂直、单一型”管理为“综合、复合型”管理,使社区工作的千斤重担大家挑。通过建立自我管理、自我服务、自我约束、自我发展体系,实现实际意义上的居民自治,强化居民委员会的自治职能,淡化政府干预社区事务的行政色彩,为创建和谐社区提供民主机制。

增强社区服务功能,促进社区人与人关系的和谐。“三位一体”的社区管理模式,通过分工协作,增强服务意识,强化社区服务基本功能,为居民提供完善的服务目标和措施。在硬件建设方面,服务与开发建设同步规划、同时起步,为社区居民提供高质量的基础服务设施。在软件建设方面,根据社区居民年龄结构和文化需求,针对少年儿童、老年和中年三类人群入手,以朝阳工程、夕阳工程、中天工程来丰富业主们的生活。朝阳工程,如在寒暑假期间,为了丰富孩子们的课余生活,协助双职工业主解决子女假期教育问题，举办了书法班、绘画班、陶艺班，冰雕艺术等，寓教于乐。夕阳工程，如为老年人建立健身操队、太极拳队、义务服务队和老年合唱团，充实老年人的生活内容，做到老有所乐。社区内还组建了科普大学，聘请专家不定期为老年业主授课，丰富了业主的业余生活。中天工程，如针对中年业主希望沟通的意愿，建立了“城建之家”大型会员制俱乐部，使业主和社会各界建立更为密切的联系，提供信息交流、情感沟通的平台。目前，城建之家已发展成为一个拥有 8.6 万个人会员和百余家企业会员，集网站、公益活动等沟通方式的互动平台。

繁荣社区文化活动，促进人自身的和谐。“三位一体”的社区管理模式，重视社区建设的文化基础。没有文化的社区，是难以达到和谐目标的。因此，通过组织社区文化活动，活跃社区文化生活，积极倡导健康文明的生活方式，创造文明和谐的社区文化氛围，引导居民爱祖国、爱城市、爱社区，形成崇尚先进、团结互助、扶正祛邪、积极向上的社区道德风尚，增强社区凝聚力。坚持把解决思想问题同解决实际问题结合起来，加强社区的服务与管理，以密切党同群众的联系，调动社区居民“讲文明树新风、共建美好家园”的积极性。此外，还通过创建学习型社区，进一步丰富社区文化建设的内涵，提高居民的思想道德水平和文化素质。社区建有大型阅览室，每日都向社区居民开放，报纸杂志种类达数十种，藏书近 3 000 册，适于不同年龄段的读者，在社区形成了良好的学习氛围。社区通过文化建设，使整个社区弥漫在文化的氛围中，给和谐社区的建设铺垫了文化基础。

大力加强社区治安保障，促进社会秩序的和谐。“三位一体”的社区管理模式，把社区安全放在重要位置。社区在先进的计算机技术、通信技术、控制技术及 IC 卡技术基础上，采用系统集成方法，建立的多媒体综合信息交互系统，为住户提供了安全、舒适、便捷、高效、节能、环保的生活环境，达到了“科技生活化、生活科技化”的目的，实现了以家庭智能化为主的智能型社区。在家园安全方面，采用技防加人防的防范措施，设有门禁系统、周边防越系统、家居红外线报警系统、保安巡更系统和全园的录像监控系统，配有近百人的专业保安队伍，另有业主自发组成的“志愿者服务队”及驻扎在园区内的警务人员，切实保证了园区安全。

优化社区环境，促进人与自然的和谐。“三位一体”的社区管理模式，以物业公司的专业力量为依托，积极建设生态社区，形成社区居委会、物业公司和其他各方合力共建绿色、环保生态社区的局面。经过建设和日常维护，整个园区呈现出公园气象。园区内充分利用中水回收系统，高比例地将生活废水回收再利用，既环保又节能。社区采用的供暖方式也是绿色环保的。一期采用电采暖，二期采用地源热泵先进技术，基本没有污染排放。该社区代表辽宁省参加了2006年全国“绿色社区”的评比。

实践证明，“三位一体”的社区管理模式，在推进和谐社区建设方面具有以下优势：

实现了“三脱离”向“三结合”的转变。“三位一体”的社区管理模式，有效解决了原有社区管理中房地产开发商、物业服务企业、社区委员会三脱节的矛盾，从社区实际出发，通过建立社区管委会，有效整合三方的力量和资源，增强了三方的沟通和交流，形成了“1+1>2”的整合效应。现在，在城建·东逸花园社区中，已经形成了房地产开发商、物业、社区同吹一把号、同唱一个调，齐心协力建设和谐社区的可喜局面。

完善了社区服务体系。“三位一体”的社区管理模式，扩大了各项工作在社区的覆盖面，增强了各项工作的服务内涵，促进了社区服务体系的日趋完善，使全方位、多层面、人性化、市场化为特征的现代社区服务得以最终实现。

调动了多方面的积极性。“三位一体”的社区管理模式，不仅使房地产开发商、物业、社区相整合，同时也使当地党政机关、各职能部门、街道甚至是驻街单位等组织，也凸现在社区建设的前沿位置，成为和谐社区的引导者、建设者和维护者。如果把沈阳市大东区东逸花园社区的和谐社区建设比喻成一棵果树的话，那么沈阳市大东区区委、区政府的正确引导就是阳光雨露，各职能部门的积极支持就是培土浇水，大东区万泉街道的通力协助就是修枝剪叶，和谐社区就是这棵树的硕果。众人拾柴火焰高。只有在充分调动所在区域各方面的积极性、充分发挥各方面作用的前提下，才可能创建出和谐社区的繁荣景象。

共生产生共赢。当地政府部门通过建设和谐社区，促进了社区各项工作的开展，有效化解了社会矛盾，促进了安定团结，获得了可观的社会效益。区内招聘百余名下岗失业人员来社区就业，为政府相关部门减轻了负担。房地产开发商以物业管理为纽带参与和谐社区建设，满足了业主的各项需求，塑造了高品质的企业品牌形象，提升了自身价值。

（二）业主委员会

业主委员会是随着房地产市场和物业管理行业的发展而产生的一个新兴组织，它是由物业管理区域内的业主代表组成、代表业主们的利益、向社会各方反映业主意愿和要求、并监督物业服务企业管理运作的一个民间性组织，它在物业管理活动中起着极其重要的作用。

(1)广大业主权利的实现是以它为载体的

业主委员会是实现广大业主权利的载体,诸如业主对知情权、收益权、监督权等权利的行使,仅靠个人的力量是做不到的。所以,业主只有通过一个具有中介性质且能起权利保障作用的组织,才能最大限度地行使自己的权利。

(2)业主委员会起到协调业主与开发商、物业服务企业之间关系的作用,是它们之间的桥梁

从根本上讲,业主、开发商、物业服务企业三者的利益是共同的,因为只有三方将各自的优势发挥出来并有机地结合在一起,共同的利益才能实现。当然,三方均能互利应是以相互尊重各自的合法权益为前提、以一个具有相互制约作用的有效机制为保证的。只有以此为基础,业主、开发商、物业服务企业三者相互尊重、相互配合,才有可能达到互赢的目标。

(3)业主委员会是使小区物业保值、升值目标实现的载体

每一个业主都希望自己所在的小区物业能够保值、升值。那么,这个目标靠什么来实现呢?笔者认为,不仅要靠发展商的承诺兑现,还须靠三方的鼎力配合,靠业主委员会的科学运作!

业主委员会的成立不仅是为了解决一些具体问题(不管这些问题是过去遗留的还是眼前要处理的),更重要的是要制订出一个长远规划,这个规划的前景就是提高小区的知名度,树立良好的公众形象而使它成为精品;规划的目的是使小区物业保值、升值。而要实现这一目标,可以说要有一个长远且不凡的历程,这就需要业主委员会不断地努力。任何与此目标不和谐的认识和行为都将最终被摒弃。

随着房地产市场的逐渐完善,业主委员会这一代表广大业主共同利益的新生事物将会得到大力提倡。越来越多的业主已经意识到业主委员会在自己长期居住的物业中所起的积极作用是任何其他形式所不能替代的。因此,越来越多的业主也积极地投入到了筹建业主委员会的工作之中。这是一个非常可喜的现象,它说明了广大业主的权利自我保护意识在增强,说明了业主委员会这一新生事物正在逐渐深入人心!

(三)物业服务企业

物业服务企业长期驻在社区,生活、服务和所从事的管理工作都在社区,因此,

物业服务企业在构建和谐社会这一使命的过程中具有其他任何单位和组织都无法替代的重要地位和作用。

(1)物业服务企业发挥着主力军的作用

和谐社会建设是我们党和国家的重大战略措施和目标,每个单位和个人对建设和谐社会都负有义不容辞的责任和义务。作为常驻社区的物业服务企业,更是要承担起构建和谐社区的重要任务。

①从目标的一致性看,物业服务企业在建设和谐社区中的主力军作用。目前,常驻社区的社会机构和企业主要有社区居委会、业主委员会和物业服务企业。根据全国社区建设工作会议提出的"居民自治、管理有序、服务完善、治安良好、环境优美、文明祥和"的社区建设标准,社区居委会是行政性管理主体,行使部分政府职能,主要管人;业主委员会是居住物业管理区域内实施自治管理的群众组织,是业主利益的代表,对物业服务企业进行评议、监督;物业服务企业是专业服务组织,以服务为主。这是社区建设的三个主体,它们的工作内容和重点虽有不同,但最终目标却是一致的,就是要构建和谐社区,为业主提供温馨舒适的生活环境。

②从物业管理与和谐社区建设的关系来看,物业服务企业也必须主动承担起构建和谐社区建设的重要任务。物业管理与和谐社区建设相互依存,相互联系、相互影响、互为因果。物业管理要在社区中进行,没有和谐的社区环境,物业管理工作难以搞好;同样,和谐社区建设也离不开物业管理,没有高质量的物业管理服务,和谐社区建设也根本无从谈起。由此可见,物业服务企业必须主动承担起构建和谐社区建设的任务,这既是在尽一个"企业公民"的社会责任,也是在为做好自己的物业管理工作打好基础。

③从物业服务企业自身职能来看,物业服务企业天然是构建和谐社区的主力军。物业管理是物业服务企业接受业主的委托,依照合同约定对物业和相关设施进行养护,对其环境和公共秩序进行管理,为业主提供一系列的相关服务。物业管理不仅要使物业保值、增值,而且要创建温馨优美的家园,维护社区治安秩序,直接服务于社区广大居民,成就千家万户安居乐业,构建人与自然的和谐、人与人的和谐、人与社会的和谐。

(2)物业服务企业肩负着整合资源,完善设施,搭建共建平台的任务

构建和谐社区,物业服务企业一方面肩负着完善社区硬件设施的重任,尽量满足业主们的需要;另一方面也担负着整合各方资源,完善办公、服务设施,搭建共

驻、共建平台的重任。

①在硬件上尽最大努力为社区居委会和小区业委会提供优良的办公场所。

②建立电子阅览室、图书室、健身房、文艺活动室、心理咨询室和亲情接待室等居民活动场所,为居民生活和居住提供方便。

③整合人力资源,融入组织,直接参与议事和决策,物业服务企业可以争取派员直接参与到社区居委会工作中,并担任领导职务,积极参加社区例会,参与决策,并为社区组织各种健身、文化、体育活动,保证各种活动的质量。

④实行物业管理工作联查制度,物业服务企业可邀请社区居委会和业主委员会领导,由物业服务企业经理带队,对物业管理工作进行检查,每半个月进行一次,查找问题,提高服务质量,从而推动物业管理工作的不断发展。

(3)物业服务企业以人为本,广辟渠道,积极搭建沟通平台

国家住房与城乡建设部政策法规司副司长徐宗威曾说:"中国城市的人际交流淡薄,不符合宜居的标准。"他认为,被忽视的邻里关系是造成这种状况的真正根源,现状亟须改变。

①积极搭建交流平台,增强社区居民间的相互交流与沟通。现在住宅越来越好,服务越来越细,关系却越来越疏远。面对这一"都市病",物业服务企业在搞好社区硬件设施建设的基础上,也在积极组织社区居民间的联谊活动,加强社区居民之间的联系,搭建业主之间相互沟通交往的平台。

②以各种制度为依托,强化人与人的沟通功能。为加强组织与组织、个人与组织、人与人之间的沟通,建立居委会、业主委员会和物业服务企业联查制度,定期征求意见制度,回访制度,业主之间的协调制度,联系点制度等,这些制度的建立对加强各方的沟通和理解,起到了桥梁和纽带作用,促进了人与人之间、个人与组织之间和组织与组织之间的相互沟通。

③积极参与地方政府及基层政府机构组织的各种活动,为业主传达最及时、最新的社会动态。

④主动安排小区贫困家庭成员就业,为业主排忧解难,适当帮助小区残疾人就业,也可对和谐社区的建设起到积极的推动作用。

(4)物业服务企业是社区的安全卫士

《重庆市物业管理条例》第48条规定:"业主委员会在与业主大会选聘的物业服务企业签订合同时,一定要约定物管区域内的安全措施。物业服务企业能够为业主提供哪方面的安全防范措施、对业主的安全能保护到什么程度等,都应写入合

同。”同时，该条例第51条规定，物业服务企业应建立健全公共秩序维护制度，协助做好区域内的安全防范工作。未能履行物业合同的约定，导致业主财产安全受损害的，应承担相应法律责任。

综上所述，开发商、业主委员会和物业服务企业是建设和谐社区的三大元素，只有三方将各自的优势发挥出来并有机地结合在一起，和谐社区的建设才有可能从纸上谈兵变为现实。

对构建和谐社区的建议

张书兵

构建和谐社会,是当今国家的主题。构建和谐社区,是开发商、业主、业委会、物管、政府主管部门(包括街道、居委会)义不容辞的责任。

社区是现代人们生活的基本区域,也是社会基本构成单位。社区的发展与和谐社区的建设已成为时代的要求和建设和谐社会的基础。

然而,在构建和谐社区中,并不是一帆风顺,一些不和谐的因素时有发生,这应当引起我们的高度重视!

一、社区不和谐带来的影响和危害

①小区两家物管公司同时服务,结果两败俱伤。重庆曾多次发生前物业公司与业委会签订的《物业服务合同》还没到期,业委会就单方面宣布解聘,没有经过正常合法程序,聘请新的物管公司进入。造成两个物管公司同管理一个小区,大门站双岗,清洁重复做,甚至业主信件也是两家物管收发(邮递员送到哪家就由哪家负责)。收物管费时,自然是两家物管争相上门。面对这种尴尬格局,业主缴费也不知该缴给哪一家。为此,小区内一天闹闹嚷嚷,议论纷纷。经媒体报道后,政府主管部门(街道、居委会)出面找来两家物管和业委会调解,结果是有的收到成效,接受调解,一家留下,一家撤走;有的却不接受调解,最终走上法庭,对簿公堂。最终的结果是两败俱伤,谁也不是赢家。

②开发单位不按《购房合同》约定设计施工,留下后遗症,造成小区不和谐。重庆媒体对此时有报道。当业主在接房或入住后发现社区环境、房屋结构、质量等问题时,往往首先找到物管解决,物管公司不是建设单位,没有能力解决这些遗留问题,但业主并不理解,造成业主与物管矛盾加剧,使小区不得安宁。不但耗费了双方的精力和时间,还大大伤害了彼此的感情。

③业主长期不缴物业服务费,物管突然撤离,造成社区管理瘫痪,环境脏乱差。据媒体报道,个别小区业委会不支持物管工作,在物管认真履行了《物业服务合

同》后，业主仍不按合同约定按时足额缴纳物业费，物管在催缴无果的情况下，不得不撤离小区，使其小区一时陷入无人管理的混乱局面，给社区和社会造成不良影响，也使业主饱受脏乱差困扰之苦。

二、社区不和谐的原因分析

①建管不分离。两年前，重庆某隶属于开发商的物管公司，在管理其自己开发的社区时，物管公司在处理业主与开发商之间的矛盾时，不可避免地偏向了开发商，让业主无法接受。在长达几年的时间里，物管与开发商和业委会（业主）的矛盾无法调和，闹得小区不得安宁。在这种情况下，该社区业委会为了维护业主的利益，通过合法程序，根据相关的法律法规理性“炒”掉了原来不认真履行《物业服务合同》约定职责的物管，又通过合法程序，理性招聘引进了新的物业服务企业进行管理服务。业主委员会与物业服务企业互相密切配合，互相理解支持，既维护了业主的合法权益，又维护了物管的合法权益，营造出了和谐的氛围，形成了业主与物管公司共赢的局面。

②物管公司不作为。有的物管公司进入社区前对业委会（业主）满口承诺，业委会（业主）提出什么就答应什么，甚至对一些是明知不可兑现的事，也开出“空头支票”。总的来说，只要能进入小区，对业主的所有需求都写进《物业服务合同》。一旦进入小区后，前几天还能按合同履行承诺进行服务管理，时间一长就渐渐地开始“偷工减料”，先裁减员工，再减少服务项目，最后连清洁也不按时做。在这种情况下，小区业委会（业主）向物管公司反映意见，也得不到及时解决和处理。久而久之，业委会（业主）必然与物管发生矛盾。笔者认为，要构建和谐社区，物管公司在入住小区后，一定要践行自己的承诺和职责，严格按照《物业服务合同》进行服务和管理，把服务和管理做得让业主满意。

③业主组织制度不健全，业委会成员素质有待提高。一些小区由于业主组织不健全，个别业委会成员素质不高等原因，在行使职权时，时有以权谋私的现象发生。最典型的例子是，重庆某小区业委会主任为了私利，以“业主自治”的名义，成立了以家族成员为主的物管中心，对小区实行服务管理，把原来管得好好的物管公司赶走。然而，由于服务不到位，管理混乱，业主怨声载道，社区不得安宁。在这种情况下，业主强烈要求成立新的业委会，重新选聘了物管公司，小区环境才得到大大改善，和谐平静的生活又回到了业主身边。

三、对构建和谐社区的建议

要构建社区和谐，必须大家共同努力，尤其是开发商、业委会、业主、物业公司、政府主管部门（包括街道、居委会）更是要以积极的态度，为构建和谐社区做好自己的本职工作，担负起自己的责任。笔者建议：

①开发商开发建设小区时，应严格按与业主签订的《购房合同》约定及设计图纸进行开发建设。近年来，一些开发商在销售房屋时宣传做得很好，过分夸大社区环境优美、房屋结构合理、功能齐全、质量上乘等，但业主接房发现并非如此，不得已要么拒绝接房，要么找开发商补偿。为杜绝此类事情的发生，为了社区的和谐，开发商应重塑诚信形象，严格按《购房合同》约定及设计图纸进行开发建设。

②业委会以公正的立场，既对业主负责，又要理解和支持物管公司。业委会是业主选出并且代表业主对物管公司的服务进行监督的群众组织。小区是否和谐，业委会起的作用至关重要。笔者建议，业委会成员应加强系统地学习《物业管理条例》《物权法》等相关法律法规，并健全组织制度，依法对物业服务企业进行监督，大力支持物业公司的工作，为构建和谐社区作出自己的贡献。

③业主要树立正确的消费观念，按《物业管理条例》和《物业服务合同》等相关法律法规维护自己的合法权益。尽管物业管理服务在重庆已有近 20 年时间，但现今仍有一些业主对物业管理服务收费不理解、不支持。甚至错误认为无论小区发生什么事，一律都应由物管负责。把开发商在开发建设时的质量问题，也怪罪在物管身上，等等。显然，这是因为他们对《物业管理条例》和《物业服务合同》等相关法律法规的不熟悉。因此，笔者建议，小区业主，应加强对上述法律法规的学习，只有懂得了、理解了法律法规，才能为自己维好权，才能为构建和谐社区作出贡献。

④物管企业应诚信服务，严格按《物业服务合同》约定做好自己的事情。行业内，确实存在个别物管企业不按《物业服务合同》约定履行服务管理，社区脏乱差现象突出，社区失窃频发，给社区不和谐埋下了严重隐患。为此，笔者建议，物管企业进驻社区后，服务管理绝不能短斤少两，真正做到让业主满意、放心、舒心，为构建和谐社区，贡献自己的力量。

⑤希望政府主管部门（包括街道、居委会）应主动担负起对小区开发商、业委会、业主、物管企业的监管、协调和引导责任，把一切不和谐因素化解在萌芽状态之中。现在一些不和谐社区矛盾刚形成之时，政府主管部门如能尽到协调和引导责任，对一些违规行为监管到位，矛盾就不会加剧。和谐社区的建设就会指日可待。

构建“和谐社区”浅谈

李预兵

媒体报道:“近日,南方新城一位业主与保安发生肢体冲突,47岁的保安头部中拳,数小时后,该保安昏倒被送医院,在医院昏迷20天后,因创伤性颅脑损伤和脑干挫裂伤出血抢救无效死亡。目前,业主已被刑拘。”物业管理在中国已有30多年,在重庆也有多年了,自全市轰轰烈烈开展“服务业主、共建和谐”活动以来,在政府、社会、媒体对物业管理比较重视和关注的情况下,物业管理环境不断改善,人们的物业服务有偿消费意识大为增强。在“和谐社区”建设不断推进的今天,竟然还发生这种人们都不愿意看到的悲剧,令人感到非常震惊和遗憾,也成为社会和社区各方面热议的焦点。无论从“和谐社会”还是从“和谐物管”的建设出发,都应该引起政府、社会各界的进一步关注,引起业主、物业服务企业的反省、深思。

一、不和谐产生的主要原因

①30多年来,物业管理行业与国家、社会同呼吸,共命运,走过了一段从无到有、从小到大、从弱到强的光辉历程,成为居民生活、城市管理、社会就业、国民经济发展、和谐社会建设的重要组成部分,行业地位和作用已经日益受到国家和各级政府的重视。但是,目前社会对物业管理的认知度还不是很高,政府对物业管理的重视程度还不强,物业管理的法律法规、政策、制度尚未健全,物业从业人员的社会地位较低,媒体的报到不实、不客观的现象时有发生等,总体来说,物业管理的环境差强人意。

②全社会的物业服务有偿消费意识还不高,部分业主觉得“我出钱、你服务,我就比你高人一等”,缺乏对物业服务人员以及保安应有的尊重和理解。

③部分物业服务企业服务质量较差,服务意识不强,人员整体素质不高,如不按《物业服务合同》约定提供服务、服务不到位、行为规范较差,礼仪礼节和礼貌用语不规范,不善于口头表达和沟通交流等。

二、政府和社会、媒体应重视、关注物业服务工作，推动物业服务管理和谐、健康发展

①政府既高度重视民生问题，就要将物业管理行业和物业服务企业的建设和发展列入政府的重要议事议程。把人心和善、家庭和睦、人际和顺、社会和谐、生态和美作为“和谐社区建设”的主要内容，引导帮助市民、业主提高生活水平、优化生活环境、提高生活品味；解决物业管理行业存在的一些具体问题和困难，如税率调整，尽快出台新的法规和政策：如《物业服务收费管理办法》《业主委员会管理办法》等，以完善物业管理法律法规和政策，改善物业管理的政策环境。

②政府、社会各界、新闻媒体应该正确引导业主树立有偿消费意识和消费观念，积极地宣传物业管理的有关法律法规和政策，加大业主委员会和业主的培训工作，让广大业主了解物业服务的内容、范围、标准等，以培养、提高全社会和业主对物业管理的认识和理解，明确自己的权利和义务，参与和支持物业服务工作，依法维护自己的合法权利。特别是新闻媒体应该多做一些正面的报道和宣传，报到客观公正，消除社会对物业管理行业、物业服务企业的误解和偏见，转变业主的消费思想观念，提高其有偿消费的自觉性。

③健全物业服务纠纷调解机制，完善人民调解、行政调解、司法调解的联动机制，有效化解各种物业服务纠纷、矛盾和冲突。

总之，全社会都应加大对物业管理工作的重视和支持，促进物业管理工作的不断深入、规范和完善，推动物业管理行业和谐、健康发展。

三、业主、物业服务企业携手合作共建和谐家园，构建和谐物管与和谐社区

(一)物业服务企业要提高服务质量，提升业主的认知度和满意度

首先，物业服务企业要重视自身队伍的建设，加强物业从业人员包括保安的培养、培训工作。一是培养和培训他们的服务观念和意识，树立全心全意为业主服务的理念，尊重业主、善待业主、关心业主、关爱业主。特别要以其所急、所盼、所需为第一信号，切实解决好涉及业主自身利益的物业问题；二是培训他们的行为规范、服务态度、礼仪礼节、礼貌用语等，使服务、行为规范化；三是培训他们的口头表达能力和沟通交流能力，善于和业主解释、沟通，通过和业主交流、服务拉近距离，增进友谊和感情；四是要培训他们应对各种突发事件和第一时间化解矛盾的方法、技巧、减少或避免与业主发生直接冲突。通过培养和培训使他们树立先进的服务理

念、爱岗敬业的职业道德，掌握先进的服务方法和技巧，增强自身的综合素质和专业技能，造就一支有良好的服务意识、服务精神和服务技能的员工队伍。

其次，物业服务企业要严格执行《物权法》《物业管理条例》等法律法规和有关政策，牢牢树立企业依法经营和诚信服务的意识，认真履行《物业服务合同》的约定和承诺，加强和业委会、业主的沟通、交流，不断提高物业管理水平和服务质量，增强业主的认可度和满意度。

（二）换位思考、相互尊重和理解、共建和谐家园，促进小区和谐

业主和物业服务人员在人格上是平等的，是服务和被服务的关系。物业服务人员在管理和服务过程中应该尊重业主。同样业主也应理解与尊重物业服务人员，一个小区就是一个大家庭，业主和物管人员都是这个大家庭的一员。物业服务人员为业主们营造平安、温馨的家园，业主们对他们劳动应当积极支持与帮助。

一方面，尊重物业服务人员的劳动和人格，善待物业服务人员特别是保安。遇到矛盾或发生冲突时，多换位思考就不会导致矛盾的激化。另一方面，依法维护自己的合法权益。发现物业服务人员工作不到位或有瑕疵时，可善意地提出意见。若他们不接受，可按照《物业服务合同》的约定处理和解决，若发现物业服务企业或服务人员有损业主的利益、侵权等行为，可通过业主委员会或直接向物业服务企业提出，或依据相关法律法规维护自己的合法权益，以避免激烈冲突和恶性事件的发生，维护和保持共同居住家园的和谐。

维护小区和谐是物业服务企业和业主的共同责任，只有小区业主之间，小区业主和物业服务企业之间彼此尊重、相互理解、相互宽容。小区才会有亲情、友情，才会有良好的氛围，保安重拳死亡事件才不会发生，家园、小区才会和谐。因此，政府、社会、媒体、业主、物业服务企业应共同努力，创造并形成一个和谐社会人人有责，和谐社会人人共享的生动局面，从而推动和谐社会的建设。

从住宅小区共有共用物权属说起

杨洪杰

物业管理在2011年庆祝了30岁华诞，建设部一位负责人在总结中国的物业管理的成绩时曾说："拥有世界上最大的管理面积；拥有世界上最多的物业服务企业；拥有世界上最大的客户群体；拥有世界上最多的物管员工队伍。"确实够伟大的！

不过我们也应该而且已经看到物业管理方面的纠纷数量之多，也是世界上其他国家少有的，甚至是越来越多。这些纠纷除了业主因所购房屋（主要是专有部分）质量问题以及交房不按时等原因引起的外，由小区共有共用物权不明，经营管理不善导致设备功能不全且越来越老化等原因引起的也不在少数。对这些，理论界、实业界做过众多陈述，想过很多办法，提过很多建议，此处不再赘述。仅以小区地下车库为例。这些年来为车库是小区业主共有抑或是开发商所有或是其他人所有，就有过许多争论。

有幸读到朱宪宸教授等人的新作，对以前有人提出的"谁投资、谁受益""以是否进入开发成本而决定其权属""土地是业主共有使用权，当属全体业主所有"等理论依据，一一作了分析后，提出小区地下车库是否同"七层楼房必须设置电梯"这样的强制性标准一样来确定其权属，颇有新意，发人深省。朱教授文章提出了在建设规划中地下车库如系人防工程，即它就具有让业主们紧急避难的功能，理应属于业主共有共用。笔者在20世纪90年代从事过房地产开发，确也听说过人防工程之说，按理应该列入公摊面积摊到购房者各户。但是当房屋建好后由房屋管理部门进行查验登记时，有的小区（大厦）的车库又未将其建筑面积作为公摊面积计算，这就让人有些糊涂了。今天笔者的发言不是阐述应该用哪种理论依据来确定地下车库的权属问题，而仅是想说明在房屋规划建设阶段，如果国家通过法律政策文件已经把这个小区、大厦除了业主专有部分外还有哪些东西属于共有共用，他们的权属归谁，都说得一清二楚，就不至于让大家还花这么多的精力去探索、去研究、去找理论依据，来解决该如何经营管理，该如何处理收益与维护设备等问题。

就像日常购物一样，要购置一台摄像机时，商品包装清单会告诉你这台摄像机配套了什么，功能有哪些，以及如何使用，发生了故障找谁维修，怎么付费等，一清二楚，但我们的房地产开发却缺了这一环。也许现在已经在这样做了，但尚不多见，任志强的华远好像是国内第一家将共有共用的情形书面告知买房者的。北京已出台文件要求开发商必须将共有共用部分清楚交付给业主们（即业主组织）以后，才能不再承担物业管理责任及费用。能这样做是广大业主的幸事，是吾辈物业管理者的幸事。

既然“源头”尚未明晰共有共用物的权属，在使用中发生这样那样的纠纷在所难免。更令人头疼的是还得去“探索”它的“本源”情况，才能考虑如何解决。就如同前面列举的地下车库的例子。因此，出现了“谁投资、谁受益”“以是否公摊定性质”“以是否属于强制性建设标准”等认定原则。花费了众多专家学者以及实务工作者大量的精力仍莫衷一是。类似这样的事倍功半，对于人本身有限的时间精力而言，确实有些“划不来”。我们为什么就不能在建设某物之前就对其建立起来后产生的系列后果预先设想并尽可能明晰呢？有人或许会以新事物难免有缺陷，难以预知来解释，甚至用“交学费”为由来减责，这些都是难以成立的。早在20世纪80年代笔者就曾以“学费要交到何时”为题写过一篇小文。时至今日，几十年过去了，“学费”难道还没有交清？

为此，笔者主张“正本清源”。

为了“正本清源”，就得“追根溯源”。

还是那句老话：“物业管理现今存在的问题纠纷很多都源于开发阶段，是该对房地产开发环节进行系统审视了，肯定成功的，弥补不足的，规范不合规矩的。”

中国有句古语：“不知者不为过。”可见事前告之何等重要。

再谈一个问题。前不久去西安参观，在与旅游公司中巴车的司机闲谈中得知，他认为只要买房时交了大修资金（即住宅维修资金），这一辈子就不用担心房屋维修的费用了。笔者告诉他维修基金不是只交一次，如果第一次交的用完了还需要继续补交。他大为惊讶：“真的吗？我可从来没听人说过啊！”类似业主不知道购房后有哪些权利，特别是义务、责任的事恐怕不在少数。既然不知，以后要他们续筹当然就会受到阻难。就如现在城市（重庆亦然）里经常发生的高空坠物事件。有的是钢筋，有的是叉棍，有的是钢笔、花盆……楼下人员受伤后因无法确定肇事者，只好将相关人员列入被告。有的还需赔偿，而无辜的赔偿者又觉得冤枉。有的受害者甚至因此而终身残疾。究其原因，很多人不知道高空坠物后会带来后果。据说国外在售房阶段买者必须有律师陪同指导，必须学习法律文件，明确自己的权责。

这些事该谁来做？物业服务企业吗？显然不恰当，不可能由被委托物管的人来给委托者讲解吧？况且，对方不一定听。

这些事笔者认为都该由纳税人供养的政府职能部门的人做。《礼记·学记》有一段话对人不无启示："发宪虑，求善良，足以謏闻，不足以动众。就贤体远，足以动众，不足以化民，君子欲化民成俗，其必由学乎！"可见古代走仕途的人，懂得教化民众是很重要的，它是社会治理者重要职责之一，是比"謏闻""动众"更高层次的本领。治理者不但要化民，还要使之形成新的风俗习惯。倘若没有良好的道德修养，深厚的治道功底，丰富的实践体验和强大的人格魅力，恐怕是很难达到这个层次要求的。如果政府顾不上，也可由政府有关部门聘请相应的社会组织去代为服务。

关于治理国家的理念，中国传统文化的孔孟、老庄虽然是不同的，一个主张入世，一个主张出世；一个主张积极有为，一个主张无为而治。但是在"教化民众"这一点上，却是相同的。老子主张"无为"，但他"教化"的思想处处体现，如孔子去拜见老子，老子说的那番话："吾闻富贵者赠人以财，仁人者赠人以言，吾不能富贵，窃仁人之号，送子以言。"这就是教化。

笔者始终认为，"教化"是政府的重要职能之一，对于从熟人组成的乡村、家族社会迈进陌生人组成的城市，生活在城市小区的民众，的确应当被告知他们许多过去不曾了解和知道的东西。政府做得如何，大家有目共睹，但愿会越来越好。

物业服务是和谐社区建设的重要支撑

彭　武

党的十六大制定了“建设和谐社会”的指导方针，2006 年全国两会又把“建设和谐社会”纳入我国“十一五”规划。“和谐社会”的内涵和外延非常广泛，涵盖了我国经济社会生活的方方面面，其中“和谐社区”是一项重要内容。作为社区管理的重要参与者 —— 物业管理行业，在和谐社区建设中将发挥越来越重要的作用。

一、什么是和谐社区

对这个问题表述有多种版本，经过比较，笔者认为较好的是以下三种表述：一是福州的“在坚持以人为本的基础，发展社区物质文明、政治文明，促进各构成要素自身的发展及相互之间关系的和谐，达到人与自然、人与社会，以及人与人、人的自我身心内外统一的社区”；二是青岛的“以人为本，注重人与人、人与社会、人与自然之间的和谐，使全体社区成员各尽其能、各得其所而又和谐相处，社区各要素健康发展、充满活力而又稳定有序的社区”；三是无锡的“组织和谐、文化和谐、利益和谐、人际和谐、环境和谐的新型社区”。

上述三种表述，各有千秋，基本都把握住了和谐社区的内涵，有各自的地方特色。

但笔者认为，作为一种定义，除了把握住总的精神外，还要表现出鲜明的个性特色。把宏观的变成微观的，把理论的变成具体的、可操作性的。根据这样一个思路，笔者对和谐社区的定义是：“一个健康的、成熟的和谐社区，应该是社区与政府、社区与企业、社区与社会、社区与生态、社区与群众处于良性互动和协调发展的社区。”这是笔者的一家之言，可以这样解读：它突出了“社区”这个主体；以社区为圆点理好方方面面的关系，社区是以政府、企业、社会、生态、群众存在为前提的，没有这互为依存的前提，也就没有了社区，所以社区与它们的关系至关重要；这既涉及社会结构的三大板块——政府、社会与企业，又涉及经济、政治、社会、文化和生态等诸多方面。

二、为什么要建设和谐社区

构建社会主义和谐社会，既是对我国改革开放和现代化建设的科学总结，也是在新的国内外形势下更好地推进我国经济社会发展的战略举措，反映了我们党对执政规律、执政能力、执政方略、执政方式的新认识，为我们紧紧抓住和用好重要战略机遇期，实现全面建设小康社会的宏伟目标提供了重要的思想指导。建设和谐社区是件大事，是构建和谐社会的基础，因为：

(1)构建和谐社会的居民群体在社区

目前，社区已成为各种社会群体的聚集点。生活在社区中的各种人群都会对构建和谐社会产生重要影响。

①外来务工人员。这类人员大多数是从低收入地区流向高收入地区。他们生活在社区，有自己的利益需求，如何融入社区是个大问题，处理不当很容易产生负面影响。

②下岗失业人员和贫困群体。这个群体中需要就业的呼声强烈，他们中还有许多人是因病、因残致贫的居民，急需社会的各种救助。

③老年人和移交社区管理的企业离退休人员。按照国际通行的标准，60 岁以上的老年人口和 65 岁以上的老年人口在总人口中的比例超过 10%和 7%，已达到了人口老龄化。目前，我国移交到社区的企业离退休职工已达 2 600 多万，老年化的趋势还在进一步加剧。老年人有许多特殊的生理、心理、文化和交往需求，老龄化问题处理不当将会引发许多社会问题。

④未成年人群体。这类群体求知欲和好奇心强、可塑性强，但如果缺少必要的教育和引导，也很容易出问题。

(2)构建和谐社会的矛盾汇集在社区

目前，我国改革发展正处在一个关键时期，各类矛盾多发。社区作为区域性的社会共同体，集中反映了社会发展改革中的许多矛盾。

①国企改革的“4050”人员、大中专毕业生的去向以及农村大量富余劳动力涌向城市等交织在一起引起的就业问题，已成为不可忽视的社会矛盾。

②随着工业化、城镇化进程的加快，城区面积日益扩大，不少城郊结合部的土地被征用，世代以土地为生的农民也随之转化为市民，这些新市民以往养成的生活习性难以立即适应现代城市的节奏和管理，由此引发了不少矛盾。

③各种思想文化相互碰撞，一些地方治安状况不好，黄、赌、毒屡禁不止，一些

人道德失范、家庭失和、行为越轨，引发家庭内部、邻里之间的矛盾。

(3) 构建和谐社会的任务落实在社区

社区是党在城市执政的重要基础。党和国家在城市的各项方针、政策和工作部署，最终都要靠社区去贯彻和实施；居民群众的意愿和要求，最终要靠社区去了解和反映；推动城市社会主义物质文明、政治文明、精神文明与和谐社会建设全面发展，最终要靠社区组织居民去实现。

三、物业服务企业在创建和谐社会中的作用

作为朝阳产业的物业管理，在建设和谐社会的过程中不仅贡献了直接的经济力量，而且在改善人们居住、工作环境，提升人们生活品质方面也发挥着巨大作用。社区作为社会的缩影，其和谐是构成整个社会和谐的基础。物业服务企业作为社区管理服务的直接提供者，在这一过程中，当仁不让地承担着重要的作用。物业服务企业有责任从建设和谐社区做起，肩负构建和谐社会的一份历史使命。

(一) 物业服务是社区重要工作的依托

随着城市建设的加快，社区管理范围大、难点多、任务重。社区建设和物业管理两者是相互依赖、相互促进的。两者都以社区居民(业主)为服务对象，都以全面提高居民(业主)的居住质量，营造社区稳定、安全、舒适、健康的人居环境，促进社会的和谐发展为宗旨。物业管理是和谐社区建设的重要组成部分。从多年工作实践看，和谐社区建设中有许多内容必须要依托物业管理服务来进行。主要有以下四个方面：

①物业管理所从事的保安、保洁、绿化、房屋及设施设备维修养护、车辆管理等工作，正是和谐社区建设中卫生、治安、环境等最基本的职能范畴。

②物业服务企业参与社区在居民中开展形式多样、健康有益的社区文化活动，不仅有利于丰富社区居民的精神文化生活，展示物业公司的形象，提高公司的美誉度，而且有助于促进社区内邻里和睦，增强小区居民对社区的认同感和归属感。

③社区建设得好，社区功能完善，居民素质提高，各服务主体自觉履行职责，这有助于物业管理制度的有效遵守和执行，有助于居民自觉性的提高，有助于小区矛盾和纠纷的减少，有助于物业服务企业实现规范化、制度化管理，管理效能自然事半功倍。

④在流动人口管理、计划生育、劳动就业、社会治安等方面，社区是落实责任的平台，但也与物业公司息息相关。这些工作虽不属于物业管理服务的范围，但在政

府授权和有偿服务的前提下,物业服务企业发挥地缘作用,协助政府有关部门完成辅助性工作,客观上也推动了和谐社区的建设工作。

(二)物业服务企业是和谐社区建设不可或缺的力量

人的感受和需求是多层次、多方面的,除物质需求外,还有政治需求、文化需求等;除安全感外,还有满足感、自豪感和成就感等。特别是当人们的生存需要得到满足之后,自我发展、自我实现的愿望就会日趋强烈。物业服务企业在这些方面也能发挥一定的作用。

(1)发挥人文关怀的作用

①首先是对业主的人文关怀。物业管理是业主对物企的委托,要达到优质管理、精品服务的要求,裁判是业主、用户,因此要明确业主在物业服务企业生存和发展中的重要性。要学会换位思考,把自己放在业主"朋友"的位置,急业主所急,想业主所想,千方百计为业主排忧解难,在服务中体现一个"贴心",做广大业主的贴心朋友。

②对员工的人文关怀。一个企业就是一个家庭,如果说一个领导者要将自己的满腔热情都投入在物业管理事业上,那么更需要把更多的爱奉献给与你并肩奋战的全体员工。作为"家长"的管理者,不仅管理上要事无巨细,更要用一个"爱"字来换得员工的尊敬、爱戴。

关爱员工既要落到实处,又要细致入微。以仁爱之心尊重他们的人格和价值取向,让他们感觉到自己在企业的地位,让他们体会领导、集体的温暖。

(2)引导塑造城市文化的作用

所谓人文精神,是指一种关注人生和世界存在的基本意义,不断培植和发展内心的价值需求,并且努力在生活的各个方面去实践这种价值需求。面对人民群众呈现出的日趋多样的需求,物业服务企业逐渐将新的管理理念融入到自己的管理和服务过程中,以关注业主和生活质量,关注小区环境的温馨与和谐,关注社区的整体氛围为特征,用文化塑造文明社区,体现物业管理特色,为建设管理有序、服务完善、环境优美、治安良好、生活便利、人际关系和谐的现代化社区提供保障的平台。

(3)物业服务企业化解社会矛盾的作用

社区是社会的细胞,是具体化的社会,是社会的窗口和缩影。由于多种原因导致的业主与房地产开发企业、物业服务企业之间的矛盾冲突一直有增无减严重影响社区和谐。我国的物业管理是住宅商品化、社会化的产物，人们对房屋、土地、房屋附属及配套设施的权利主张日益强烈。物业管理工作是房地产业在消费领域的延续，物业服务企业充分利用行业优势，积极帮助业主与建设单位协调工程遗留问题，耐心向业主解释、疏导，努力化解矛盾，无疑对维护社会的安定团结、建设和谐社区具有积极的现实意义。

(4)物业管理行业提供就业空间的作用

就业是民生之本，这项任务解决不好，谈不上构建安定团结的和谐社会。我国正处于城镇化高速发展时期，农村劳动力向非农产业的转移、农村人口向城镇的转移是我国历史上最大规模的就业和人口转移；与经济结构调整相适应的就业结构也处于调整之中，大量的下岗、失业问题与农村劳动力转移问题交织在一起，就业需求十分强烈，就业形势极为严峻和复杂。

作为劳动密集型行业的物业管理行业，目前全国就业人数已超过了600万人(据《物业管理行业发展报告》统计)以上，其中80%以上的从业人员是来自城市的下岗职工、复员退伍军人和农村的剩余劳动力。不难看出，物业管理行业在促进劳动力就业方面有着得天独厚的优势，对于促进我国产业结构的调整，缓解就业压力，增加就业极为有利，为构建和谐社会提供了有利条件。

总之，和谐社会的进程催生了物业管理，物业管理又使社会向着有序、健康、完善的方向不断发展。在这一变化过程中，物业管理成为一个不可或缺的支点，它对于促进和提高和谐社会的几大指标，特别是在诸多软性指标方面有着不可或缺的意义和作用，是落实科学发展观的重要载体，具有不可替代的地位。

社区对物业公司有指导工作的义务，但也不能越俎代庖，必须处理好社区居委会、物业服务企业之间的关系。物业服务企业作为社区经济性组织，其工作的主要内容是为社区居民(业主)提供物业管理服务，工作的好坏评判标准是社区居民(业主)的满意度。但是，由于其组织性质、职能和运作方式上的不同，易与社区之间产生诸多不和谐的问题，需要建立有效的沟通、协调机制，妥善处理好社区居委会、物业服务企业之间的关系，明确双方各自的定位，各司其职，协调配合，采取相应措施，建立社区建设与物业管理良性互动机制，明确管理和服务的内容，制定其行为规范，避免重叠与越位。在社区建设管理中，应将物业管理与和谐社区建设有效地结合起来，更快更好地为广大居民提供服务，从而使社区建设中的社会管理事务和市场管理事务分别由不同职能的主体来承担，做到相互之间既不越位和错位，也不缺位。

注重发挥好物业公司在和谐社区建设的积极作用，是形势的需要。我们必须充分认识到社区建设与物业管理良性循环所起的积极作用。作为社区，要为物业管理创造好的发展环境；物业管理也要在社区建设过程中积极参与，提供服务。通过两者配合，相互协助，以人为本，服务居民，建立新型的服务互动关系，推动物业管理与和谐社区建设的全面开展，共同为构建和谐社区作出各自应有的贡献。

做好物业管理服务，构建和谐美好小区

张　琰

建设社会主义和谐社会，是中国共产党2004年提出的一项社会发展战略目标，指的是一种和睦、融洽并且各阶层齐心协力的社会状态。2005年以来，中国共产党提出将“和谐社会”作为执政的战略任务，“和谐”的理念要成为建设“中国特色的社会主义”过程中的价值取向。

和谐社会一言以蔽之，就是社会中的人都遵守社会道德的社会。社会道德是指存在于同一社会的人们，为了社会的公共利益而约定俗成的应该做什么和不应该做什么的行为规范。显然，当社会中的人们都知道该做什么和不该做什么的时候，那么这个社会一定是没有社会矛盾的，是和谐的社会。

“民主法治、公平正义、诚信友爱、充满活力、安定有序、人与自然和谐相处”是社会主义和谐社会的六要素，构建和谐社会的前提条件和核心要素则是普遍的精神文明与和谐的人际关系。社（小）区是社会构成的基本单元，因而构建和谐社（小）区是构建和谐社会的重要组成部分。

一、构建和谐社区的意义

党的十六届四中全会强调“要适应我国社会的深刻变化，把和谐社会建设摆在重要位置，注重激发社会活力，促进社会公平和正义，增强全社会的法律意识和诚信意识，维护社会安定团结”。

社（小）区是生活在一定地域空间内的居民的社会生活共同体，是构成社会的重要基础。构建和谐社会的根本目的是要实现好、维护好、发展好广大人民群众的利益，而社（小）区工作是与人民群众基本利益密切相连的。从这个意义上讲，建设和谐社（小）区是构建和谐社会的基础工程，具有十分重要的意义。

在社（小）区的管理和维护方面，物业管理承担着十分重要的作用。特别是在经济转型、社会转轨时期，城市的改革、发展、稳定都依托于社（小）区管理。解决社会问题，缓解社会矛盾，维护社会稳定，离不开社（小）区管理；建立健全市场经济体制,优化投资环境,离不开社(小)区管理;加强城市规划、建设、管理,提升城市功能,离不开社(小)区管理;加强精神文明建设,争创和谐文明城市,更离不开社(小)区管理。如何有效推动社(小)区物业管理服务工作,与各方一道致力于提高服务能力,改善服务水平,优化服务态度,促进和谐社(小)区的构建是物业管理服务企业肩头的一项重任。

二、构建和谐社(小)区的重要性

和谐社(小)区是构成城市形态的基本元素,物业容貌体现城市主体形象,物业功能构成城市经营平台。物业管理是保障物业使用功能、城市功能的必要条件,是城市经营的管理基础。物业管理不仅能提高城市的基础管理水平,保持整洁、优美的城市形象,而且也是优化投资环境、吸引外资置业的重要条件。

(一)建设和谐社(小)区是时代进步发展的必然要求

在全面建设小康社会,物质文明与精神文明高速发展的阶段,社(小)区在城市中的地位越来越重要,承担的任务日益繁重。随着城镇化进程的加快,房地产市场的快速发展,迫切需要加强对社(小)区的管理和服务、增进交流和融合的工作;随着越来越多单位人转为社会人,大量退休人员、自由职业者汇集在社(小)区,迫切需要多向其提供服务帮助、信息传递、普法教育等工作;随着人们思想观念独立性、选择性、多变性和差异性的明显增强,社会利益日趋复杂化,迫切需要社(小)区做好基层的协调沟通工作,化解小区矛盾,解决邻里纠纷。总之,建设和谐社(小)区是构建和谐社会的重要基础。社(小)区的管理是社会建设和管理的重心,从建设和谐社(小)区入手,使社(小)区在构建和谐社会中充分发挥基础作用。

(二)建设和谐社(小)区已经有了较好的基础

党的十一届三中全会以来,我国国民经济持续快速发展,民主政治和精神文明建设成效显著,人民生活总体上已经达到了小康水平。进入21世纪以后,各级政府更加重视和关心社(小)区建设和管理,积极协助解决人民群众生产生活中的困难和问题,社(小)区建设从总体上看趋于和谐。但必须看到,我国正处于并将长期处于社会主义初级阶段,现有的社区和谐度还是低水平的、不完善的。社(小)区内的不和谐因素以及制约建设和谐社(小)区的因素依然存在,有的甚至还非常严重;部分社(小)区的建设和管理能力还待提升;个别部门对社(小)区建设和管理的认识不高、重视不够、措施不力。这些都是在构建和谐社(小)区中有待于去不断加强和改进的重点方面。

(三)建设和谐社(小)区是一项长期工作

面对工业化、城镇化加快的趋势,面对群众物质文化需要的不断提高,并日益多样化的趋势,面对群众民主法制意识不断增强,维权意识及热情不断提高的趋势,社(小)区的和谐将不断地被赋予更多、更新、更高的内容,将会有许多新矛盾、新问题、新情况需要研究解决。因此,构建和谐社(小)区是一项长期工作,需要我们与时俱进,永不懈怠,不断提高建设和谐社区的水平。

三、物业管理服务与构建和谐社区的关系

物业管理服务与构建和谐社区的关系应从物业管理的起源说起。物业管理雏形源于19世纪60年代的英国。当时的英国正值大工业发展时期。农村人口纷纷涌入城市,形成了城市人口的大量集中,对住房的需求急剧膨胀,住房严重供不应求。这时,房地产开发商便纷纷建设营造住房出租。但是,由于住房质量低劣,附属设备、配套设施不足,管理不善,住房紧张等原因,出现了租赁关系混乱、拖欠租金及人为破坏(设备设施)的现象,因而产生矛盾和纠纷,出现社会不和谐。这时一名叫奥克维娅·希尔(Octavia Hill)的女业主决定亲自整顿其名下出租的物业,理顺租赁关系。她首先修缮、改良了房屋的配套设备设施,改善了居住环境,然后制定了一系列行之有效的管理制度,要求用户严格遵守,否则收回房屋。结果,经管理整治后,用户住得满意,租金也得到了保证。奥克维娅·希尔的举措令其他业主和政府有关部门刮目相看。从此,出租物业的业主纷纷仿效希尔的管理方法,使得这一套管理方法在英国迅速推广,以致后来一些物业业主干脆请专人代为管理其物业。于是,物业管理逐渐发展成一种社会化、专业化、企业化的行业。从物业管理的起源就能看出物业管理服务是为业主创造舒适、和谐的居住环境,是构建和谐社区乃至和谐社会的重要基础。

物业管理在我国起步较晚,国内的物业管理产生于20世纪80年代初期,改革开放政策使商品经济得以复苏,沿海开放城市率先打破了传统土地管理和使用制度,房地产业应运而生,并迅猛发展。随着人民生活水平的提高,业主购买物业不仅仅是只为居住需要,在追求安全、舒适、文明、和谐的居住氛围的同时,还希望自己的物业能够保值、增值。因此,物业管理得以产生及迅猛发展。

和谐社(小)区是和谐大社会的构成"细胞",而营造良好、和谐的居住环境,让人民群众能够安居乐业,这就离不开物业管理服务工作。因此,物业管理服务工作的好坏直接影响着和谐社(小)区的营造和构建。

随着城市化进程的加速推进,一个个新建扩建城市组团的形成,给政府机构提出了更高的经营管理城市的职能化要求。物业管理在经营城市、管理城市,提高城市形象等方面起重要作用;在提高居民生活品质及品位,提升资产管理效果,增加居民个人财产收入等方面起推动作用:在提高房地产经营效益,促进房地产经济体制改革方面起重要作用;在解决就业和农村剩余劳动力,构建和谐社会方面作出了积极的贡献。这些都充分体现出物业管理与构建和谐社区的关键性和重要性。

四、如何构建和谐社区

构建和谐社区要依靠政府的重视和关注,需要开发商开发建设能力的提升和规范,强化物业管理服务并不断改进和完善,期待业主的自律和配合。

(一)政府的重视和关注

物业管理服务行业的规范化发展是构建和谐社(小)区的必要前提,政府的重视以及法规配套又是物业管理服务行业规范化发展的前提条件。物业管理是一项关系民生的系统工程、窗口工程,是社(小)区管理水平、居民素质和文明程度的具体体现,也是一个城市经济、社会水平的形象展现。

(1)政府对物业管理服务的法制化建设和规范化要求

随着《物权法》《专项维修资金管理办法》《物业管理条例》等相关法律法规的相继出台和完善,物业管理服务行业正快速步入法制化、规范化的道路。但物业管理毕竟在我国起步晚(只有 30 多年的发展),而物业管理涉及的内容广泛,在完善相关法律法规的同时,需尽快出台相关实施办法和细则(如业委会的监督、专项维修资金的使用、违规装修处罚等),才能有效规范物业管理行业的操作,提升物业管理行业的整体水平。

(2)政府应协助物业服务企业共同推动和谐社(小)区的建设

要想构建和谐社(小)区得以有效推进,就离不开政府部门的支持和帮助,故需考虑将社(小)区管理纳入政府职能部门对社会管理的范畴。政府职能部门应多渠道协助、参与并监督物业管理服务。比如,充分发挥居委会在构建和谐社(小)区中的作用;交通管理部门也应配合物业服务企业做好社区内交通秩序的维护和监管;规划、建设及房管部门应积极参与社(小)区违章建设和违章装修的管控。

(3)政府应采取积极、正向的舆论宣导

普法教育、公德宣讲、树立正气、教化民风,提高全民的综合素质,也是构建和

谐社(小)区的必要条件。而政府部门及宣传机构应在其中起到有效的“导航”作用,引领舆论导向,树立民风正气,为构建和谐社区(社会)奠定舆论基础。

(二)开发商开发建设能力的提升

开发商是房地产开发建设过程中的第一环,物业的规划、开发、建设和与业主销售合同的签署都是由开发商实施的,因而物业管理服务企业的进驻和后继管理在很大程度上与开发商是紧密相关联的,而引发业主投诉,在影响社区和谐的诸多问题中,因开发商所造成的纠纷占不小的比例。因而提升开发商开发建设能力也是构建和谐社(小)区的必然需要。

(1)减少因工程遗留问题引发的纠纷

在房地产开发建设过程中所涉及的内容相当广泛,由于开发商对施工单位的选择,建筑材料的选用,施工工艺的把控,建筑质量的监管不到位或稍有疏忽就会对今后的房屋品质造成影响,甚至于留下不易弥补的工程遗留问题(隐蔽工程、综合管网、防水排污等)。势必给今后的物业管理带来极大的麻烦,影响正常使用功能,引发业主矛盾,造成社(小)区不和谐。笔者所在区域就有不少因为开发商的工程遗留问题造成业主投诉或群诉事件,既影响物管公司的正常经营,更干扰和谐社(小)区的建设。因此,严把开发建设时段的工程质量关,提高房屋产品质量,减少产品瑕疵,是构建和谐社(小)区的基础。

(2)降低因销售承诺引发的矛盾

房地产开发如火如荼,房地产广告铺天盖地,销售策划的方法手段更是层出不穷。开发商在销售过程中使尽浑身解数对产品进行自我宣传和自我推销,为吸引和取悦业主,对物业管理作出不切实际的(大包大揽)承诺。特别是对于期房购房者来讲,就更有点“雾里看花,水中望月”的感觉,令人充满美好的想象空间。等到收房的时候发现实现情况与承诺差距甚远,甚至有的承诺根本就无法兑现,业主的失落和不满就可想而知了。对于受托办理房屋交接及维保受理的物管企业来讲,难免会遭受池鱼之殃,业主不经意间就会把对开发商的不满发泄到物管企业身上,从而对物管企业产生敌对情绪,严重影响社(小)区和谐的构建。规范销售承诺,降低业主矛盾,是奠定小区和谐构建的重要环节。

因而,提升开发商的开发建设能力,规范开发商的市场行为,强化开发商的诚信经营对构建和谐社(小)区起着积极的促进作用。

(三)规范物业管理服务

随着房地产行政管理职能部门不断加强行业监管,注重行风建设和专项治理工作,物业管理水平得到了逐步提高,这为维护良好的社区环境和广大群众的安居乐业做出了积极贡献,为构建社会主义和谐社会发挥了重要作用。

(1)物业须做好前期介入工作

物业服务企业应做好物业管理前期介入,规范物业接管及验收:按规定实实在在地做好前期物业管理介入,积极参与前期的规划设计和施工建设,为完善物业使用及管理提出建设性意见,避免物业建成后的使用和管理矛盾。积极参与工程质量监理工作,从物业管理的角度对工程施工、设备安装的质量进行全面监控,及早发现和解决问题,避免物业建成后给使用和管理服务带来的缺憾。同时物业服务企业必须做好物业的接管及验收工作,严把工程质量关,对接管验收中所发现之问题,应责成开发商及时整改,减少物业矛盾,规避物业风险。

(2)物业须做好基础管理服务工作

①增强服务意识。意识决定态度,态度决定行动,只有培养和树立每一位员工正确的服务理念和良好的服务意识,并贯穿于日常工作中,才能保证物业管理服务品质得以有效提升。物业管理服务过程中需高度重视并善于发现业主的需求,坚持以"顾客关注为焦点",才能更好地为业主提供服务。其主要实施内容为:

以多种形式、多种渠道(公司各层级的管理例会,培训宣传等形式)持续向公司每一位员工进行服务意识宣贯,强调服务意识培养的重要意义。

制作服务礼仪及行为规范手册发放至每一位员工手中,宣导服务精神、服务礼仪、服务用语、服务规范等,同时致力于引导每一位员工积极主动、热情大方、有礼有节的服务行为。

定期举办相关培训,通过案例讲析,提升员工的专业素养。让员工充分掌握并了解服务的基本常识,熟记公司的服务要求和标准,使良好的服务意识深入人心。

组织开展服务意识、服务精神的知识竞赛、论文征集评选、服务明星评优评先等活动,检验服务意识,提升服务品质。

②重视员工培训,提高服务能力。员工的培训是一项难点工作,物业管理服务行业是一个劳动密集型行业,员工的文化水平普遍不高,而每一位员工都是企业精神的传导者、服务品质的缔造者,对员工的培训非常重要。物业培训采用"内训"与"外训","理论"与"实操"相结合的方式,并侧重于"内训"为主,具备条件的公司均可培养和组建自己的内训师队伍,来强化对员工的培训能力。

物业管理培训应分别从知识、技能层面和思想、意识层面两条专线进行强化培训。并针对企业特性和员工特点,合理设置培训课题及内容,对管理层和操作层在培训内容、要求及方式均有所不同。通过理论与实践、案例与实操、内训与外训相结合的方式增强员工的参与性，变“要我培训”为“我要培训”，使其充分掌握其岗位必备的基础知识、行业规范、职业操守，才能将公司的制度要求真正变为员工的工作标准和工作习惯，有效提升员工的专业技能和职业素养，从而提升物业管理服务质量。

③执行标准规范。全面贯彻执行ISO 9000质量管理体系标准，坚持推行“服务有标准、作业有规范、管理有流程、工作有职责”的标准化和规范化的物业管理服务活动。质量管理体系就是物业公司内部的专业管理“宪法”，只有通过强化“宪法”的重要性和权威性，才能有效地确保物业管理服务质量的保持和改善。

根据ISO 9000体系标准要求，持续进行自我改进和完善。对物业企业质量管理体系的改进，建立健全自我完善机制，按照管理评审、内部审核、持续改进、纠正措施、预防措施等条款的要求建立相应的文件化程序。企业应注意利用平时在各类检查活动、服务提供过程、内审、业主投诉等记录中的信息和资料，分析物业服务的开展情况、水准、内部管理水平。在企业内部沟通中，应确定改进的目标，及时通报改进情况，从而使质量管理体系不断改进、提高和完善，以达到持续改进物业管理服务质量的目的。

④加强监督检查。强化监督职能，注重现场管理：建立健全并积极推行监督考核机制，是保障物业服务质量和品质的关键。“员工的规范化、标准化操作是企业要求出来的”，不断完善并推行科学合理的监督考核机制非常重要，它能帮助员工克服惰性和陋习，养成良好、规范的工作习惯，是公司制度化建设和品质提升的有力保障。

物业管理专业监督考核机制分为两条主线：一是行政管理专线，侧重于公司制度的执行情况，从员工的考勤、精神面貌、行为规范、内务管理等方面进行检查考评；二是ISO质量管理专线，侧重于物业管理服务实施过程监控，从员工的业务技能、操作程序、记录表单、服务结果、现场管理等方面进行检查考证。同时建立外部监督机制，畅通外部监督渠道，设立公司级专线投诉受理电话，开设总经理投诉信（邮）箱，聘请业主担任义务监督员等方式和方法，调动业主参与到物业管理服务品质的监督管理工作中来，形成有效的外部监督机制的同时，也让业主更多、更好地了解物业管理服务工作。

严格执行质量管理体系规定的检查标准、检查范围、检查要求和处罚标准，做到层层有监督，级级有检查，人人有考核。同时，绩效考核与部门及每位员工的薪酬挂钩，从而调动和激发员工的工作积极性，提升物业管理服务品质。

(四)加强与业主的有效沟通,增进了解,共创共建

(1)重视业主投诉,增进业主监督

对业主投诉,必须高度重视,认真处理,及时回复,做到件件有处理,事事有回复。除物业客户服务中心受理日常业主诉求及投诉外,另设立总经理意见信箱、公司物管服务投诉专线等,受理业主的重要(大)投诉。公司品质部负责公司级投诉问题的跟进处理及回访工作,代表总经理协调处理业主诉求及投诉。强调舒适、和谐小区共创共建的重要性,鼓励业主共同参与物业管理服务工作,参与小区现场的监督管理,针对小区管理献计献策。物业将聘请热心业主作为物业服务质量监督员,及时接受业主的监督;对业主的合理化建议积极采纳并给予感谢和奖励。

(2)阳光服务、透明管理

充分尊重业主的知情权,利用小区的宣传平台进行物业服务项目、内容及物业主要工作进度、情况的公示,实施透明化管理服务,让业主"阳光"消费。设立物业管理小区开放日,让业主充分了解物业管理的"隐形"服务部分内容;定期(每半年或一年)召开业主代表恳谈会,通报物业公司管理情况和重要事项,了解业主需求和意见,增进业主与物业间的双向了解和互动协作,和谐共建。

(3)开展社区文化活动,倡导精神文明建设

努力建设和谐城区,抓好人的素质是核心,促进人与人之间的和谐是关键,搞好社区文化活动是基础。社区居民的文化素质和文明程度是和谐、文明社区的重要标志,建设和谐社区,就得丰富业主的精神文化生活。通过开展积极、健康、文明的社区文化活动,弘扬团结互助、和睦共处的社区互帮协作精神,倡导科学、环保、和谐的社区生活方式。通过社区公告栏、温馨提示栏、网络业主论坛等多种宣传平台对业主进行宣传,提高社区居民的思想道德素质、科学文化素质和文明健康素质。促进社区业主的精神文明建设,是不断推进社区和谐、城市和谐、社会和谐的关键所在。

(4)业主参与,共创和谐

①呼吁公德心。社会公德就是:一个国家,一个民族或者一个群体,在历史长河中,在社会实践活动中积淀下来的道德标准、文化观念、思想传统和行为准则。而在社(小)区管理中时有不良行为的出现:有人为了一时痛快,把令人恶心的痰随意地吐在地上;有人为了省几步路,随意践踏草坪;有人为了省事,往整洁的道路上倒垃圾;有人在深更半夜不顾影响他人休息,大声吆喝划拳行令;有人在洁净的

墙壁上乱贴花花绿绿的小广告……这些不道德的行为严重干扰了他人的正常生活，影响社（小）区的和谐构建。增强业主公德心，树立业主正义感，从自身做起、从小事做起，爱护环境，遵章守纪，友善待人，社（小）区就是一个大家庭，每位业主都来自觉、尽力地维护这个“家”的美丽与和谐。

②提高自律性。社（小）区的维护和管理，不只是物业服务企业的事，更是广大业主的共同责任。每个业主不仅是自己所拥有的产权部分的所有人，同时也是物业整体的共有人之一，每个业主的行为都会直接或间接地影响着其他业主的利益，即公众利益，因此，业主在强调自治、维护自身权益的同时，更要注意自律。所谓业主自律，简单地说就是当业主个人利益与公众利益发生矛盾时，业主的个人利益要服从公众利益。业主自律要求业主要正确地处理邻里关系和与全体业主的关系，自觉地摆正自己的位置，维护公共道德规范和公众利益。在日常生活中，业主应自觉遵守小区的《管理规约》，维护公共秩序，保护公共环境，友善待人，和谐共处，为构建和谐社区而共同努力。

正如胡锦涛同志指出的：“构建社会主义和谐社会，是一项艰巨复杂的系统工程，需要全党全社会长期坚持不懈地努力”。让我们以构建社会主义和谐社会为方向，以构建和谐社（小）区为己任，认清打造和谐物业管理的行业使命，在物业管理的岗位上尽心尽责地努力工作，全心全意地服务业主，为促进十六届六中全会提出的建设和谐社会目标的实现，为构建物业管理的和谐氛围，为实现物业管理的可持续发展，作出努力和贡献。

创设“和谐社区奖”,促进社区建设全面发展

杨洪杰

第二次世界大战期间,一名记者问温斯顿·丘吉尔,他领导英国人民勇敢抗击希特勒纳粹政权最有力的武器是什么?丘吉尔想都没想就说:“英国民众拥有的最大武器,永远都是——希望!”

据说,一个人没有食物可以活40天,没有水可以活4天,没有空气可以活4分钟,没有希望,却只能活4秒钟。

本文所要阐述的,就是给社区建设全面发展以“希望”,而且是通过努力才能实现的希望!

对“和谐社区”内涵的定义,迄今已有多种。今天提及,不仅仅是要探索其理论上的意义,更重要的是祈求从中国的现实出发,明白它所追求的目标和标准,让人们心存一定要也一定会实现的“希望”,从而脚踏实地去努力、去行动,创建和谐的社区,并争取获得社会、民众认可的奖励。再以“榜样的力量是无穷的”,在更广阔的空间去推进社区建设的全面发展,这就是提出“和谐社区奖”的初衷。

近些年来,促进和谐社区建设的有关奖项(或荣誉)已有不少。以我们所在的行业——物业管理来说,有由国家住宅与城乡建设部推出的“住宅小区(大厦工业区)示范项目”(过去称优秀项目)、某地发起的物业管理“金牌奖”和各地经常举办的物业管理技能比武大赛颁发的多种奖励,还有“宜居城市(小区、地产项目)”“园林单位”“人居奖”等。从多角度、多层面奖励先进,应当说,都是起了相当作用的。遗憾的是,缺乏一个全面的能涵盖社区方方面面的综合性的大奖。

为什么需要设立这样的综合性大奖?

①社区是指一定范围居住的人群形成的小社会,本身就是多元的。除了居住其中的人群,它有政府主管的部门(含各职能部门),有为其服务的组织如物业服务公司(含各专业服务公司)、商贸公司、医疗、学校、文体等单位。新建的社区还有为它提供物质基础的开发商。和谐社区的建设需要上述方方面面(主要是业主、开发商和物管系列3个系统)既形成共识又能协同运作。仅有一方或几方的努力

都不能真正"和谐"。不努力的方面就会成为木桶原理中"最短的木块"，影响社区的和谐水平。故和谐社区的建设，须调动各方面的积极性和主动性，围绕共同的目标协同运作。现在的各项奖尚不具备这种综合奖励各方、推动这些方面去协同的恪尽各自职责的性质。

②当今国内的社区，能真正达到"和谐社区"标准的，实不多见。曾经有媒体报道过沿海城市某小区似乎可作为榜样仿效。但深知内情的业主们并不怎么买账，后未见下文。社区内的不和谐事件到屡见报端。古语曰："奖善罚恶，以使其立功立事"看来，欲成就事情，得奖惩兼施。和谐社区的建设，自不例外。既要探索解决现实存在不和谐音符的根源，并采取措施逐步消除；同时要培育出值得大众认可、赞扬、学习的榜样，运用奖惩兼施手段，推进社区全面发展。尤其是褒奖，它潜移默化地影响人们心灵，使人们乐于去模仿、去学习，是一种强大的、无穷的推动力。当人们处在探索前行的时候，更需要有这种力量推动其不屈不挠地向预定的目标迈进。

③奖励不是目的，是手段。这是众所周知的。要真正达到奖励的目的，奖的必须是真正该奖的，不能为奖励而奖。现在各种奖项，尤其是大奖，有些确实起到了应有的作用，如全国的科技进步奖，既是对先进人物、事迹的表彰，又能引导社会崇尚科学、热爱科学，发挥了良好的导向作用。但是，受社会不良风气的影响，特别是"拜金主义"的影响，也确有那么一些奖励的隐性内涵是以金钱为核心标准。这种奖，民众只会嗤之以鼻，连奖项获得者有的因心知肚明而惴惴不安。"和谐社区奖"只能奖和谐社区，没有别的目的和诉求，它将尽量远离不良风气的影响。希望大家能呵护它、鞭策它，使其从一开始就沿着正确的轨道去实现既定目标。当然，应有相关的机制来保证它正常运行。有人说："这些年来我们的道德底线之所以被破坏，有两个原因：一个是没有一个正反馈机制来奖励起码的善；另一个是过多地宣扬了已经成功的恶。"要让奖励起到真正的扬善作用，建立"正反馈机制"的确是十分必需的。

④自提出建设和谐社区以来，受到社会各界的热烈拥护，广大群众积极响应，有识之士努力推进。但也不得不承认：任重而道远，阻力并非全无。特别是"叶公好龙"现象的存在，令人既不解，又犹豫。如果能通过实施奖励的方法使和谐社区在神州大地由小到大、由少到多、品质又越来越高，对"好龙"的"叶公"不啻是一剂有效的药方，以事实让他们改变态度，不期望其积极参与，起码也能减轻阻力。

⑤我们建议设立的"和谐社区奖"应是一种既看重过程，更看重结果的奖励。

也就是说,各单项运作的优良,必定会在整体水平提高上体现出来。这些单项目既有“硬件”的,如物业设备、设施的完善、增值,自然环境的生态平衡;更有“软件”的,如民主和睦、文明友爱、遵纪守法、崇尚科学等。这是需要各系统交互作用才能产生的效果(1+1>2)。纵观目前的某些奖励的设计,有的重过程,轻结果;有的重量轻质,为量化而量化。即使各项指标都获得“优”,因是单项选择,总体评价欠缺,获奖者(单位或个人)未见得是理想的楷模。有的甚至偏离正确的社会导向。如对班主任实行以升学学生人数颁奖,据说至今仍在实行,就背离了对学生进行素质教育的轨道,造成中学生负担过重的社会弊端。又如,重运行过程,轻客观效果,致使伪造原始记录等虚假行为大兴。又以大学教育为例,国际上,多从学生进入社会后的实际表现评价学校教育质量,我们有的教育评估(含褒奖意)却偏重检查教案、试卷等教学过程,不就有人将新纸张“变化”为旧纸张,重新做教案,做试卷吗?以致弄虚作假成风。

社区里的主要人群是居民(含业主),建议设立的“和谐社区奖”则要摒弃上述弊端,以居住者实际感受、所获益处来反观各系统的运作是否优良,而不舍本逐末。

⑥建议设立的“和谐社区奖”是一种公正的奖项。温总理在人大会议期间接见中外记者时说:“公平、正义是社会本质特征”。只有坚持公正原则,设立“和谐社区奖”才会有意义、有作用。公正是核心原则。为什么?当今社会最缺的是公正。党和政府正在努力消除不公正,但在各个领域不公正的人和事仍层出不穷,因不公正引起的纠纷仍大量存在,其中也包括评奖领域。究其原因,除了腐败、拜金主义等不良风气的影响,评奖的制度设计不完善也是原因之一。我们建议设立的“和谐社区奖”,主张由与所有当事各方均无利害冲突的第三方来主持制度设计和评奖。又以奥斯卡奖为例,它就是由美国电影艺术学院创立并主持评奖,现已成为国际性的大奖,起着引导电影艺术发展方向的作用。“和谐社区奖”建议由和谐社区研究机构来担纲,因为他们既对“和谐社区”的目标、发展进程有深入的了解,又与评奖对象没有利害关系,具备了公正评奖的前提条件,且聚集有一批专家学者和实践经验丰富者,有能力完成它的制度设计和与相关系统的协调工作。

要创立一个综合性大奖,肯定不能一蹴而就。现在的社会导向、社会风气,人们的追求和价值观,时时处处影响着每一个社会性的举措。特别是某些奖励的举办者,出发点是追求经济收益,只要有利可图,不择手段捞钱;还有的凭借人民赋予的权力以权谋私,奖励成为其获取名利的手段,他们把公平公正早已置之度外，严重玷污了褒奖的严肃性、崇高性，扭偏了社会导向。要在这样的氛围中推出一个确能起到激励先进、鞭策后进，引导良好社会风气形成的综合性大奖确非易事。

世上无难事，为之，则难者亦易矣；不为，则易者亦难矣。去年，胡锦涛同志曾倡导“争先创优”，在这样的背景下来提及设立“和谐社区奖”，我们认为是适时的，我们有理由相信这一奖项会从无到有，并逐渐形成一种制度，成为一种习惯，把全国的社区建设得越来越美好。

笔者是理想主义的信奉者，所言也许很多不切实际，因此特别期望获得大家的批评和指正。

对物业小区和谐与城市社区建设融合的建议

吴跃军

随着社会经济的发展和城市化进程加快,我国城市居民原有的计划经济时代的由各单位独立成院形成的“单位人”,逐渐转为多数居住在房地产公司新开发的功能更为齐备、高品质楼房的“社会人”。这一转变,是社会发展的产物,它改变了原来城市居民居住基本上都是由各自单位包干制的小社会形式,促进了社会的发展进程,增加了人们的沟通渠道,加大了社会经济的繁荣,为社会和谐稳定打下了基础。

社区的稳定是和谐社会的一个重要基础,而物业小区是社区的重要组成部分,所以物业小区的和谐稳定在城市建设的重要性就非常重要,也就必将成为和谐社会建设的重要课题。然而,在现实生活中,由于种种原因,物业管理与和谐社会建设未能引起广泛高度重视,政府及许多领导及广大群众的意识都只将物业管理认为是物业公司和开发商的事,这些意识严重地影响了物业小区的建设与城镇社区的融合,制约了和谐社会建设的快速发展。现将笔者在小区的建设与城镇社区的融合的观点作如下阐述并提出一些建议。

一、问题

①政府及其制定的政策未高度重视物业小区建设规划时对今后社区建设的功能配套。我们知道国家在规划设计新建小区时,对一定区域配置了一定的学校、医院等文化娱乐场所设施,但在现实生活中这些都只成了开发商招商销售房屋的条件。因为新建小区周边的社区宣传没有跟进,致使配套建设没有从根本上惠及广大的社区居民。

②社区居委会意识落后,没有将新建物业小区和谐建设列入其日常工作的重点,一味图简单,忽视物业小区的和谐建设工作。认为只有老旧居民小区安全隐患多,情况复杂,设备设施落后需要大力扶持,而物业小区内的和谐社区建设工作均应由开发商和物管公司来从事。

③物业公司经费紧张，只考虑本小区的日常物业服务工作，未从社会和谐建设全局思考小区和谐与社会和谐的关系，即小区和谐将带动社区和谐，最终将推动社会和谐建设，反之，社会不和谐，小区就不可能和谐。

二、现状

①政府规划设计有相关规定要求新建小区在一定规范范围内建立相应的文、体、卫设施，但政府相关职能部门职责分散，互相情况不明，对普通老百姓的宣传又不到位，致使老百姓习惯按原来的固定思维方式思考问题和生活。如上学走原来知道的好学校，看病到原来了解的大医院，锻炼走原来习惯的老山林，玩耍邀约旧邻老友打老麻将，等等，不习惯与新的社区社会融合，一些新建娱乐文化设施反而闲置无用，逐渐老化；大量会所空置无人问津；许多体育场所无人光顾；小医院因病人太少无法营运，大医院又因人多忙不过来，造成资源严重浪费。

②社区居委会工作人员，对管辖区域内的大小事务疲于应付，许多政府职能部门把社区居委会当成“下属”，直接向社区安排行政工作，形成社区工作“上面千条线，下面一根针”现象，使社区工作人员很难有足够精力去从事社区服务。

③居委会的办公地除原老地方未搬迁的外，基本都设立在较大的物业小区内，无居委会设置的较小的小区内的居民基本上很少参加社区活动。

④物业公司的服务费中未含配合社区建设的相关费用，故无法配置相关人员做和谐社区建设的相关工作。

⑤社区居委会经费少。社区和谐离不开资金保证，许多社区活动都因无钱而无法进行，甚至于个别社区管理人员为了丰富活动，积极去创收，搞一些占道经营，“以非对非”。他们一方面对背街小道进行市容管理，另一方面又让个别无证者堵塞安全通道经营。

三、对策

①合理配置资源，有效使用。政府规划设计小区建设，应综合考虑各相邻小区配套设施建设，合理配置相关资源，尽量不重复配置，以免浪费。各政府职能部门要密切配合，加大宣传力度，使已配置资源优化使用，提高其使用效率。

②分清职责，各司其职。政府该管理的要管好，该协调的只能协调不要插手，不该管的坚决不要管。政府只管宏观经济工作，对需市场调节的事务只能协调不能干涉；对居民自治的事务要放手让社区居民自己做主。别过多干涉，以免居民产生依赖思想，大小事务都要政府做主。

③加大对社区建设的投入,合理使用有效资源。要高度重视对小区的配套建设的协调管理力度,在合理利用其资源优势的同时,适当考虑和谐建设的人力物力资源的投入,调动物业小区和谐建设的积极性。

④认真调研,逐步开放物业小区资源,与社区形成大社会共享资源。要加大力度整合各物管公司周边资源,使其优化调剂使用。将一些费用下拨给各物管公司,按照社区建设的内容和实际需要让其协助社区完成。可以设立小区间治安联防联保机制;作好小区内邻里间纠纷调解;环保卫生;文化教育、计生、商业保障服务等。同时,物管公司也可以利用资源优势有效创收,弥补物业服务费的不足。

设立小区间治安联防联保机制。相邻物业小区每单位出 2~3 名安全人员不定期集中、加强对小区周边的巡逻,增强社区的安全防范。此机制还可以结合交巡警点位的配置来进行,减少警察,多配保安,从而提高了安保效率,更有利维护社区安全。

密切各物业小区的关系,加大小区接壤处的卫生环境清扫保洁的衔接。若让社区设人专管常常得不偿失,交由物管协同运作可事半功倍。

文体设施资源共享。现实中这类资源浪费最大。原因是此类设施设备,有的要专人施教才会使用,有的需专人保管,有的需多人共玩才有趣。所以需要整合各小区的资源,共同搞一些活动,一方面可解决社区活动场所不足,内容不丰富,另一方面也为物管公司整合资源创收提供一些机会。

提供岗位,促进就业。加强与物管公司之间的联系,为"4050"人员提供工作岗位,让家庭困难的居民也能参加小区共建工作。好处是:其一,这些人可以做一些力所能及的事(夜巡工);其二,在本小区就近工作,减少交通吃住费用;其三,物管公司可以适当少一些费用;其四,这个年龄段的同志珍惜工作机会,责任心较强。

⑤协助居民自治。通过社区活动,积极引导社区居民参与社区建设,增强居民的权利意识、责任意识。首先是义务消防队伍的组建,消防工作涉及千家万户,初期火灾的扑灭知识的掌握是扑灭火灾的关键,广大业主全面提高消防安全的意识,才能有效防止火灾事故的发生。义务消防队伍可进行消防知识的学习和消防活动的演练,一旦发生火灾可进行有效扑救。其次是各种文体队伍的组建,促进社区居民加强联系,增进友谊,增强社区的凝聚力。总之,要协调各小区成立相应的组织,最好是物管公司与业主委员会协同共建,使更多居民能积极参与社区建设,形成"社区是个家,建设靠大家"的良好氛围。

⑥开放社区管理。建议居民委员会工作人员下基层进小区活动,督促物管开

展共建工作,大一点的物管小区可以考虑配置专人定员定岗,变单纯管理为共同营造。

⑦创新居民委员会工作议事机制,广泛吸纳民意,拓宽民意传递渠道。实行社区居民代表大会议事机制,可有效整合各物业小区业主委员会资源,将业主委员会的工作与社区服务管理有机结合,吸纳一批公信力强、热心公益事业、有一定组织能力的业主在从事业主委员会工作的同时,协助做一些社区管理服务工作,从而减少社区服务管理费用,并拓宽信息反馈渠道,提高服务管理工作效率。

综上所述,在社会高速发展的今天,和谐社区建设已成为主旋律,它是社会发展的必然结果,党和政府高度重视,广大人民群众迫切需要。物业服务管理是社区管理的基础,社区建设应积极引导物业小区业主和广大城镇居民一同参与,竭力营造为民、助民、乐民、安民、便民的和谐氛围,使广大群众在生活上得到实惠,身心上得到愉悦,精神上得到享受。使社区真正成为和谐的大家庭。

物业服务企业在构建和谐社区中的角色定位

伍　玲

我国物业管理的诞生，是在20世纪80年代，雏形是住宅小区管理，最早在深圳推行，距今已有30多年的历史，可以说为社会特别是为社区建设作出了不可磨灭的贡献。但随着物业服务行业的发展与和谐社区的提出，亟须解决的问题也越来越突出，笔者归纳主要有以下三个方面：

一、关系问题

物业服务企业、业委会（业主）、社区居委会的关系是否和谐对社区建设起着重要作用。在现实生活中，却出现了业主委员会与物业公司之间，相互掣肘；居民委员会与业主委员会之间，职能交叉；物业公司与居民委员会之间，多头管理。增加了构建和谐社区的阻力。

（1）业主委员会（业主）与物业公司之间，相互掣肘

物业公司与业主委员会和业主根本目标是一致的——实现物业的保值增值，但对权利、义务及利益等众多问题缺乏沟通理解，彼此猜疑、不信任的情况时有发生。

（2）居民委员会与业主委员会之间，职能交叉

由于业主委员会成员既是物业的“业主”，又是小区的“居民”，出现职能交叉的情形。两个组织之间要么互不理睬，关系疏远；要么过于密切，融为一体。

（3）物业公司与居民委员会之间，存在多头管理现象

这主要表现在：部分居民委员会，对物业公司的工作缺乏支持配合，甚至与物业公司唱反调，导致物业公司工作的开展非常困难；有些小区的物业公司对居民委员会不尊重，擅做主张，从而对整个社区的管理带来障碍。小区各种“多头管理”，造成职责不明，遇到问题相互推诿，这就导致了小区内的一些死角、乱角无人管的局面，主要存在于老旧小区。

二、责任问题

和谐社区的建设需要物业公司与业主共同去努力创造，只有大家都树立了责任意识，社区的建设才能取得良好效果。作为责任，既包括了物业公司在日常的服务过程中，承担起物业公司应尽的义务，真正体现物业大管家的风范，又包括业主是小区管理者的主人翁意识。社区居委会作为基层居民自治组织，建立和谐社区也是义不容辞，但在现实生活中，常常是各方都只站在自己的立场考虑自己的利益，没有换位思考；只顾权利，而忽略义务，导致平行线没有交点。

三、利益问题

在社区中物业公司和业主产生矛盾，其症结还是在利益问题上。业主想花最少的钱，买最好的服务；物业公司想用最低的成本，赚取最高的利润。

物业公司方面收取物业管理费的难度大，严重制约物业服务水平的提升。对于物业服务费，多数业主尚能按时交纳，但总有少部分业主缺乏物业管理消费观念，或对相关的法律知识了解较少，拒交物业管理费的情况时有发生。虽然可通过法律途径催收，但法律诉讼烦琐，不宜采用，使收费难问题一直得不到妥善解决。

业主方面总希望用最低的价格享受最好的服务。《物业服务合同》不可能都很全面具体，业主与物管企业在收费标准与物业服务认识上的差距，业主总是用低价格要求高标准服务，导致业主与物管公司不和谐。也有的企业服务水平确实不高，小区出现脏、乱、差或绿化、安保、保洁等公共服务不到位，没有严格履行自己的职责，服务质量有待提高，业主因此拒交物业服务费甚至与其产生纠纷。

对于公区收益，业主认为物业公司没有公开透明的公示相关的收益，而是中饱私囊，业主的权益受到侵害，而有的又深感服务难以为继。

针对上述问题提出个人的建议，具体如下：

(1)建立健全法制，厘清权责，让居民真正实行自治，维护良好关系

政府等相关部门根据实际情况应着力研究制定更加明确、健全的法律法规，从制度和法律上明确划分各方的权责义务，充分发挥社区的作用，将业主组织有效纳入社区民主自治的范畴，加强对业主大会组织的指导，加强对业主委员会活动的指导、监督，确保物业管理与社区建设的有机结合。

根据全国社区建设工作会议提出的“居民自治、管理有序、服务完善、治安良好、环境优美、文明祥和”的社区建设标准，社区居委会是行政性管理主体，行使部分政府职能，主要管人；业主委员会是居住物业管理区域内实施自治管理的群众组织，是业主利益的代表，对物业服务企业进行评议、监督；物业服务企业是专业服务组织，以服务为主。这是社区建设的三个主体，它们的工作内容和重点虽有不同，但最终目标却是一致的，就是要构建和谐社区，为业主提供温馨舒适的生活环境。

对业主来说，首先通过物业服务合同，明确业主与物业服务企业的权利和义务，从心理上设立一个尺度，双方只有遵循这个尺度才能保证双方的良好合作。比如，明确公用维修资金的用途，共有部位与专有部位的概念，能源供应的权、责归属，车辆看管费与车位费的区别，物业服务企业的职责等。其次应树立小区管理者的主人翁意识，遵守管理公约和管理制度，牢固树立自治、自律意识。比如，对社区的共用设施主动维护，合理使用，按时缴纳各项费用；在安全方面，提高自身防范意识，不给窃贼留下可乘之机；小区设施损害时，及时向物业公司反映；积极参加业主大会，给物业公司提建议，这些都是主人翁责任意识的体现。

作为业主自治组织的业主委员会，应承担起管理小区的责任，真正发挥全员负责的导向作用。社区居委会及业主大会要督促业主委员会职能的发挥，作为与业主沟通的桥梁，让其参与到管理决策上来，提高其在业主中的地位和威信；要定期召开业主大会，公示社区管理举措，增强民主意识，比如，小区设施改造、经营招商，违规、违章事件的处理意见，宠物管理办法，高空抛物管理等，增强其对小区的责任感，树立良好的权责意识，改善各方关系。

(2) 以“保障”为基础，公平、公正地确保各方利益实现

“保障”是生活、工作在这个社区里的人员最基本的要求，包括业主生活所需保障与物业公司的生存保障，这是营造和谐社区的基础。

作为物业服务企业来说，要严格按照投标文件及物业管理合同中的作业标准去执行，确保每项服务承诺达标，让业主感觉到物业管理在物业的保值、增值方面的价值所在。按照马斯洛的需求理论，安全是人的首要需求，虽然按照《物业管理条例》的规定，物业公司在治安方面是协助的角色，但物业公司必须真正做好协助工作，要在提醒、公告、巡视、宣传、报告、反馈等方面落实到位。

物业服务企业应该在前期介入阶段，在小区附属设施、公建配套设施规划方面与开发商密切合作，本着既要方便生活，又要避免扰民的原则，充分考虑周围的供

需环境。比如，小区健身广场、物业管理用房的位置选择，社区便利店的经营类型筛选等，都是保障小区所必备的。

对物业服务企业来说，必须保证企业能够生存，能够正常运转，并具有一定的盈利率，才能保障服务的持续性。要解决这个问题，首先，物业服务企业要建立在科学决策的基础上，保持理性心理，保证成本、收费、服务标准的一致性；通过物业管理早期介入，夯实基础性工作，消除隐患；认真学习《物业管理条例》和《物权法》等相关法律法规，使工作举措有章可循。其次，业主应提高自律意识和协作意识，比如，开展“物业开放日”活动，详细解读物业管理合同，消除对物业职责的主观臆断和片面理解；遵守公约，树立正确的大局意识。再次，行业主管部门要规范物业管理市场，加强房屋查验制度，还要在物业管理用房、物业管理开办费、小区公共能源的责权利等方面，给予物业服务企业支持和保障，使物业企业走上健康发展的道路。

(3)加强社区文化建设，发挥其纽带凝聚作用

社区文化建设是物业服务企业、业主、邻里之间的融合剂，也是增强社区的凝聚力、荣誉感，营造和谐的重要因素。没有文化的依托，单靠生硬的契约关系，一切工作必将是举步维艰。

物业服务企业首先必须从思想上重视社区文化建设，设立社区文化专员，保证文化建设具有规划性、连续性，不能满足仅搞几次联谊，而忽视平时与业主的交流，与业主形同路人。有的企业为了体现亲情服务，提倡在小区门口列队迎送业主。在某些特定日子里，这样做也无可厚非，但社区文化活动更应看重实质而不在于形式，注重礼节和随手的帮扶，远比列队迎送更能体现睦邻友善的邻里关系，对和谐社区建设更具有实际意义。

物业服务企业要把提高居民生活质量和文明素质作为社区建设的根本出发点。要在营造和谐环境，创造文化平台上下功夫。比如，通过开展二手物品的交换，租售房屋的代理，装修、花木咨询等业务开展，拉近与业主的距离；关心弱势群体生活困难，与社区居委会联系，构筑起“守望相助”的社区服务新格局。比如，募捐社区图书、光盘，在社区文化场所设立读书角等；与各学校、公益事业团体建立联谊、扶贫、志愿者、助学等关系；利用社区空间、居民资源，与企业进行商业合作，获取社区活动资金等。

社会主义和谐社区是社区发展的高级形态，是和谐社会的缩影。它应具备“民主法治、公平正义、诚信友爱、充满活力、安定有序、人与自然和谐相处”等重要特

征，它应当是居民自治、管理有序、服务完善、治安良好、环境优美、文明祥和的社区。

和谐社区建设是一项长期的任务，任重而道远。因此，在和谐社区建设中，物业服务企业应坚持不懈，注重和谐因素的培养，避免服务的虎头蛇尾；更不能采用欺骗、糊弄的方式求得安宁，也不能为了和谐而和谐，为息事无原则地退让迁就而损害整体的利益。和谐小区建设需要物业服务企业、业主立足本职、群策群力，也需要获得社会各界的支持与关注。

物业管理与和谐社区建设

葛江燕

一、高品质的房屋是创建和谐社区的基石

房产品是一种特殊的商品，房产品的高品质是物业管理高质量的先决条件。从笔者所在公司管理的房产品和景观设计的环节看，人性化常常被当作第一要务，大到房型的设计、建筑的造型，小到社区布告栏、导向牌的布点，井盖的设置。“细处”往往最能体现人性化，正所谓“见微知著”。

在物业管理服务中，要把“以人为本”的服务理念渗透到物业管理的日常服务中，以物业管理者独有的视觉，从物业使用者的利益出发，将触角伸及开发的环节，为开发商当好顾问，提出改进规划、设计诸多环节的意见和建议，同时也把业主的需求体现在规划设计阶段。从前期规划到后期施工，只有做到处处“以人为本”，做好每一处细节，才能开发出高品质的房屋，才能为构建和谐社区打下良好的基础。

二、与业主的融洽是创建和谐社区的基础

构建和谐社区，最主要的是要将业主与物业服务企业之间的紧张关系调节到适度、适时、适量、适当的和谐状态。经过多年的探索实践和总结提升，笔者所在的紫薇物业管理有限公司逐渐形成了具有特色的服务理念——“亲情服务，人文关怀”。

具体体现在物业服务工作中就是“三亲、四情、五心”。

三亲：亲人、亲身、亲自。对待业主像对待自己亲人一样，态度要亲和，业主有问题物业服务企业要亲自负责到底，直到问题圆满解决，业主满意为止。

四情：热情、真情、亲情、友情。对待业主要热情，付出真情，和业主建立亲情、友情，将中国传统文化的人情魅力融入到物业管理中。

五心：爱心、精心、耐心、信心、诚心。工作中提倡“五心”，用心服务，如同亲人

般以专业的方式无微不至地关心每一位业主。

“亲情服务、人文关怀”得到了业主的高度认可。如今,在社区形成了安全、文明、温馨、和谐的良好氛围。“业主与物业服务企业亲如一家人”,已成为社区的真实写照。

三、业主是创建和谐社区的主体

创建和谐小区,人与人之间的和谐是第一因素。建立业主与业主之间的和谐,搞好邻里关系尤显重要。如今业主与业主之间、业主与业主委员会之间、业主委员会与委员之间、业主与物业服务企业、开发商之间的矛盾,是物业管理中的焦点和热点。这些矛盾的解决,有待于业主自我管理、自我约束机制的完善。

物业服务企业要从“立制”开始,以确保业主的主人翁地位为己任,通过不断完善民主参与、决策和民主监督机制,为广大业主提供“参政议政”的渠道。工作中,充分发挥业主委员会的作用。关系整个社区发展的大事做到与业主委员会共同商议,解决区内的各种难题发动广大业主广泛参与,使业主真正感到“有主能做、有事可定、有家可当”。在物业服务企业管理的物业项目中,业主委员会如积极为企业出谋划策,如规范宠物饲养,杜绝自行车乱停、乱放等问题,由他们出面则可能取得意想不到的效果。同时,企业积极邀请业主参与物业管理,担任一定职务,真正实现业主当家作主。与社区居委会、派出所保持良好的沟通,在重大问题上大家进行讨论,共同制订切实可行的方案。把业主自我管理作为和谐社区建设的发展方向,逐步实现业主自我教育、自我服务、自我管理、自我监督,创建民主自治型社区。

四、安全舒适的居住环境是创建和谐社区的保障

社区环境建设是建设和谐社区的重要任务之一,努力创建人与自然和谐相处的社区,要求物业服务企业加强环境建设。注重环境绿化,实施整改方案,购买苗木为小区增添新景,定期修剪维护,定期对员工进行培训;同时在小区积极开展环保宣传,业主与物业服务企业共同建设美好家园。使所管项目中“春有玉兰白如雪,夏有石榴红如火,秋有菊花遍地金,冬有腊梅傲风雪”,已成为小区景观的生动写照。

物业服务企业要重视维护稳定和谐社区建设的基础工作,必须注重安全教育,加强安全宣传,制定安全措施,加大安全检查力度,实行三级管理,落实目标责任制;协助相关部门成立调解委员会、设立综合治理办公室;狠抓安全生产,突出安全

教育，为业主创造一个安全的家园。

五、良好的文化氛围是创建和谐社区的关键

和谐的关键在于文化，社区的灵魂在于社区文化。为业主打造出理想和希冀的全新生活，物业服务企业要发展和创新社区独有的文化，让文化贯穿于无形，让和谐渗透到千家万户。

以重庆龙湖物业为例：多年来，以“和谐”为主题开展了大量的社区文化活动，取得了良好的社会效果。比如，运动会、艺术节、家庭大赛、人物评选、风筝节、读书节、老人节等，还协助业主创建了俱乐部，包括足球队、篮球队、武术队、合唱团、书画社、舞蹈队、车友俱乐部、旅友俱乐部、棋院等。不到一年的时间，这些业主社团自行组织了一系列活动，社区书画大赛、社区围棋大赛、民间足球联赛、车友和旅友的系列出游活动……

物业服务企业通过文娱活动等方式，在社区宣传“爱国守法、明礼诚信、团结友善、勤俭自强、敬业奉献”的社会主义基本道德规范，强化业主的道德意识、法律意识、科技文化意识、生态环境意识、民众参与意识和审美意识，极大地丰富了业主的文化生活，不仅活跃了小区的气氛，更重要的是开创了社区精神文明建设的新局面。

和谐社区建设任重道远

徐守琴

和谐是社会发展的趋势，和谐是当今社会的主题，建立和谐社区是社区建设的最终目标。但和谐社区的建立受经济发展水平、民众的文化程度、开发企业的社会责任感以及政府职能是否健全等诸多因素的制约。因而，和谐社区要达到平顺的发展状态，任务艰巨而漫长，但却势在必行。

物业管理自从香港经深圳再传到内地以来，正经历着模仿、自主、完善、突破、创新的阶段。随着社会的不断发展，物业管理也打上了不同时期的烙印。在当今以和谐为主题的时代，和谐社区的建立势在必行。建设和谐社区，究竟应具备哪些条件？或者，现在的普通社区，需面对哪些问题的解决，才能走上和谐社区建设的康庄大道？这是值得讨论和深思的话题。

深圳桃园居小区建设，给了我们一个学习的榜样和借鉴。但对于不同地域，处于不同发展阶段的小区，所面对的问题是不同的。因为在某个地域认为是理所当然的事情，可能放在另一个地方就是不可想象或者需要花费较大代价才能实现的。所以笔者认为，和谐社区建设除了借鉴别人的经验外，主要是根据本地域的人居特点、地域风情、政策法规，实现社区居民满意率达90%以上，居民遵章守约率达90%以上，经济账目公开，财务管理规范，居民自治、管理有序、服务完善、治安良好、环境优美、文明祥和，整个小区处于均衡、协调、平顺的发展状态。

社区建设主要受外部环境和内在条件的制约。外部环境主要指社会大环境；内在环境指人的因素和企业的因素。就重庆而言，建设和谐社区与深圳、北京、上海不一样，现在我们所缺乏的，不仅是传统意义上的物质基础，人的思想素质水平的差距，还有其他方面的问题。

一、和谐社区建设与物质水平相关

日前，某网站以“你的工资涨了吗”为题，对职场进行调查，涉及京津沪、珠江三角洲、东南沿海地区、东北地区、西部和中部地区总计 1 050 名职场人士，覆盖

IT、金融、事业单位、非营利机构等工作领域，为读者剖析了不同地域、不同经济状况的职场人士对这一问题的看法。

逾90%的员工对工资涨幅不满。2009年6月，70个城市的房屋销售价格同比上涨了7.1%，涨幅比上个月高出0.7个百分点。其中，深圳、北京等城市上涨较快。深圳已经连续17个月同比涨幅超过10%；北京已连续14个月同比涨幅超过8%。

与房价上升相比，这些地区工薪阶层的收入情况又是如何呢？

在调查中，有75%的受访者分布在京津沪和东南沿海地区。其中，月薪在3 000元以下的人数占样本总数的49%，3 000~5 000元的占28%，5 000~10 000元的占19%，而10 000元以上的仅有4%。

在涨工资的频次上，选择"每季度一次"仅占总数的3%，选择"每半年一次"的占7.5%，49%的人表示"说不准"。从整体上看，工资涨幅在5%以下的人占到总数的65%。

从工资与房价的对比中，我们可以清楚地看到二者之间的差距。对于目前的收入涨幅，有93%的人感到不满意，45%的人选择"常因房价压力争取加薪"，55%的人感觉"房价上涨过快，不寄希望于加薪"。

中国的经济前沿城市尚且如此，重庆作为中国西部地区的桥头堡，情况更不容乐观，重庆房价虽然在全国来看相对较低，但个人收入也比其他城市低。绝大部分人当然不愁吃穿，但在购房后，几乎一辈子成为房奴，为房子奔波，一切节省为了买一套房子。当然，富有阶层不在此列。

管子在《管子·牧民》中说："仓廪实则知礼节，衣食足则知荣辱。"个人认为，和谐社区建设的前提是：社会经济发展到一定程度，解决人们衣食住行的同时，缩小贫富差距。人们只有富有了，不为衣食住行所拖累了，才会有更多的精力去考虑环境因素；人们只有心态摆正了，很多事才更容易达成一致意见。这是人更高层次的需求。相反，如果人们的经济实力不够强，贫富差距悬殊，在对某一问题的看法上，很容易产生分歧。

二、开发商的开发理念和企业价值标准

社区的公共设施运营机制如何，运营成本如何解决，是否培育了社区自治的"造血"功能，这些都是建设和谐社区必须要考虑的问题。

现引用一个案例：深圳的桃源居社区位于深圳宝安区，社区占地面积1.16 km^2，总建筑面积180万m^2，规划总人口为5万人，现已入住4.2万人。2005年到2006年，社区先后获联合国授予"全球理想人居社区""国际花园社区"和"全球商

业示范社区奖”;2006年年底,中央八部委分别授予其“平安家庭社区”“学习型社区”“绿色社区”“健康示范社区”。这一个个满带含金量的殊荣,足以使它笑傲群雄。事实上,它也是迄今深圳市唯一获此殊荣的社区。开发商奉行以人为本的开发理念和回馈社会的企业价值标准,减少了商业的冷漠,增加了人情的温暖。桃源居社区建设12年来,借鉴了国际40余个“联合国人居社区”的先进经验,并在结合中国国情的基础上,提出“以人为本、均衡规划”的社区建设理念,充分满足了社区居民和家庭在生活、娱乐、文化等方面的需求。“和谐社区的一个共同点就是根据区域特点,首先确立社区功能定位,然后依据各自的功能定位进行均衡配套。比如,城郊卫星城,配套就要一应俱全,少一项,就是一个社区不和谐的潜在因子。”具有强烈企业公民意识和社会责任感的桃源居开发商,对目前这种土地开发模式进行了颠覆性创新:充分按照“以人为本、人本需求”的原则进行开发管理,自觉地承担起了社区运营商的主要责任,为社区大商业格局的建立竭尽全力。这是桃源居能成为和谐社区的一个很重要的原因。

而目前国内大多数开发商是怎样一个状况呢?眼中只有“土地”两个字——“拿地、造房、圈钱”三部曲一唱完,就万事大吉、抽身而去,将社区扔给社会。和谐社区建立,如没有开发商以人为本的开发理念作支撑,硬件上不过硬,是很难达到和谐的境界。在实际工作中,哪怕是某些较知名的开发商所修建的社区,物业公司接到的投诉中,有相当一部分是关于配套设施不完善、小区设计不合理,或房屋质量问题。而很多修完房子就走人的开发商,留下了太多的问题,该谁来解决?该怎么解决?这些都是业主与物管之间相互说服对方的焦点,既然达不到共识,和谐又从何谈起?又如何普及?

三、国民对社区管理和社区建设知识所接受的程度

(一)我国物业资产管理现状

据不完全统计,中国物业管理行业从业人员已超过500万人,物业服务企业6万多家,管理着超过100多亿m^2的不动产。然而,绝大多数从业人员与绝大多数物业服务企业,从事的是基础性物业管理与物业维护方面的工作。了解物业资产管理,从事实务操作物业资产管理的从业人员,保守估计不到3万人,较为系统研究物业资产管理的专业人士、能够较为熟练地运用物业资产管理专业知识、专业技能与专业方法进行物业资产管理运营与实务操作的物业服务企业数量却十分有限。这是中国物业管理的基本现状。

我国物业资产管理的专业研究还处于起步阶段；专业人才紧缺，专业知识、专业技能、专业培训刚刚起步，我们缺乏精于业务、术业专攻，又能自觉承担行业发展使命的物业资产管理专业人员，这已经成为制约行业进步与发展的"瓶颈"，中国物业资产管理专业化与职业化人才队伍没有形成。但和谐社区是需要专业化的资产管理人才，只有通过长时间的经验积累和专业人才的培养才能得以实现。

最近几年，虽然较多高校新增了物业管理这个专业，但与其他专业相比，还是显得很青涩。一个行业的发展，一要有钱，二要有人。钱是通过有专业知识的人去经营，所以当务之急是要有人才。这是形成和谐社区的另一个条件，这需要一个漫长的过程，需要锻炼，不能一蹴而就。

(二)业主的素质和观念

中国几十年的计划经济，养成了人们房由国家分，坏了有人修，社区有人管的生活习惯。虽然商品房买卖现在已全面普及，但在实际工作中，对于物业管理和社区建设问题，很多人仍认为交了物管费，所有的事情物管要全部管完，否则就大吵大闹，以不交物业管理费要挟。虽然物业公司可以通过法律途径解决这一问题，但如果经常这样，只能说明一个问题，就是业主本身对社区建设意识薄弱。其实，物业服务企业只是根据物业服务约定进行服务，社区建设除了靠以上谈到的因素外，业主自身也应该有正确的认识，但在他以前受教育的范围内，没有人告诉过他该怎么做。所以，这不能怪业主本身，我们只能在社会教育体系和政府导向上找原因，找到改善的突破口。和谐社区如果没有一定认知水平的业主，也只能是纸上谈兵。

四、政府职能的健全

和谐社区建设离不开政府职能的健全。首先，民众的意识观念在很大程度上要靠政府的引导和教育，如果在处理具体问题时，政府办事人员都不清楚相关的法律法规，一方面不知如何入手，会在决策上产生相反的意见；另一方面对民众的教育和宣传工作就更不知从何谈起。要普遍推广建设和谐社区，政府应从本身做起，承担起教育民众的责任，在口号和行为上达到统一，民众才能以此为范，在意识上达成共识。

其次，政府执法是否到位或彻底，是建设和谐社区的保障。比如，小区养狗，乱搭乱建等问题，物管公司做了多次劝解后仍无效果，投诉到相关部门，是否能得到有效回应和制止，这对有类似想法的业主也是一种儆戒。如果政府职能部门之间相互推诿而不去落实，或是受理了只是做做样子，最后不了了之。这确实很让物管公司头痛，更让有建设和谐社区愿望的人失望。

可喜的是，近几年，政府也意识到在这些方面的不足，尽力在弥补种种缺陷。比如，北京将违章搭建移交公安部门直接管辖；《重庆市养犬管理办法》的出台；近两年高校物业管理专业的增设和报考人数的增加；等等。这让我们欣喜地看到，政府职能会有相对完善的一天。

五、结论

和谐社区建设就目前来讲确实存在着不少问题和困难，但这是社区发展的必然趋势。随着物质文明的不断发展，人民素质的不断提高，政府职能的不断完善，这项任重而道远的任务终究会实现！我们也期待着社区建设灿烂的明天！

正确发挥物管企业在构建和谐社区中的作用

谢　华

建设社会主义和谐社会是新世纪我们党确立的新的社会发展目标，也是我们党对什么是社会主义、怎样建设社会主义的又一次理论升华。构建社会主义和谐社会是一项系统工程，而社区是社会的一个“缩影”，应把创建和谐社区作为建设社会主义和谐社会的重要切入点，只有社区和谐了，整个社会的和谐才能成为一种现实。党的十六届四中全会确定了在我国“促进社会公平和正义，建立一个社会主义和谐社会”的目标，这是我们党在新的历史条件下执政理念的重大转折，是对马克思主义理论的重要丰富和发展，也标志着国家战略从单纯的经济增长转向了追求充满活力发展的社会。使社会各阶层的人们各尽其能、各得其所，为社会成员充分施展才能提供机会和舞台，就会造成一种积极的、有利于社会发展的和谐。

一、和谐社区的含义

和谐社区应该是一个在社区与政府、社区与企业、社区与社会、社区与居民以及居民与居民之间讲求民主法治、公平正义、诚信友爱，居民与环境和谐相处的充满活力、安定有序、良性互动的社区。和谐社区应具备以下特征：

①社区组织结构合理，各种规章制度完善，管理有序，社区稳定安全。社区党组织能够充分发挥其领导核心的作用，具有一支高素质的管理社区、服务社区的干部队伍和社区队伍，能够真正尊重、真情交往、真诚服务于广大居民群众。社会组织和中介组织健全，并能积极开展活动。

②居民对社区事务能够广泛参与，居民民主意识强，社区自治化程度高。参与是构建和谐社区的生命线，没有居民的广泛参与，社区和谐就不可能实现，参与社区事务标志着居民既可以分享社区内的利益，又能够承担社区内的责任。

③社区内有高雅、轻松的文化氛围和良好的社会风尚，以及丰富多彩的娱乐休闲活动。邻里之间友好相处，家庭团结和睦，尊老爱幼、扶贫济困基本形成风气，老有所乐、幼有所教，学习氛围浓厚，环境优美整洁。

④社区的服务功能比较完善。社会服务、社会福利的社会化程度比较高，社会困难群体的生活能得到保障，社区单位和一般居民的物质文化生活需求能得到基本满足。

二、为什么需要创建和谐社区

社区是指聚居在一定地域范围内的人们所组成的社会生活共同体，它是构成社会的基本细胞，社区和谐是社会和谐的基础。社区的真正意义始终在于它是整体社会的一个"全息缩影"，作为局部的社区是一个包含了整体社会基本信息的独立单元，社会的生活需求、利益关系、群体矛盾、阶层结构和运行逻辑，在社区都有对应的表现。社区是社会的一个窗口，把握了社区就在很大程度上把握了社会，把握了和谐社区建设的原理，对于把握和谐社会就有了基础和借鉴。只有每一个基层社区都是和谐的，都按和谐社会的要求做了，整个社会的和谐才能实现。因此，应当把构建社会主义和谐社区作为构建社会主义和谐社会的重要切入点。

三、和谐社区建设中物业管理服务存在的问题

中国物业管理行业30多年来得到了迅速推广，对和谐社区、和谐社会建设作出了巨大的贡献。但是，我们也应当清楚看到，在发展过程中物业管理还存在法规不健全、市场不完善、企业管理不规范、业委会运作举步维艰等诸多问题，给和谐社区建设带来了不和谐因素。这有待于物业管理行业及社会各界引起高度重视并结合实际工作加以研讨解决。

(一)政府主管部门的问题

没有规矩，就不成方圆。可见，作为市场规则的制定者，政府主管部门的责任无疑是重中之首。但是，在看到成绩的同时，我们应该看到以下问题：

法规不健全，操作难度大。如业主组织的法律地位，业主组织与其他组织的关系协调，业主委员会和居委会关系的协调，业主组织的成立，物业管理行业协会的成立、地位和职能，物业管理权力交接程序和前期物业管理等，依然缺乏可操作性的规定。建管不分，前期物业管理矛盾突出。对于一些开发项目在规划设计、施工阶段遗留下来的问题，很多物业服务企业作为开发商的子公司，在对共用部分、共用设施设备交接过程中缺乏严格的执行承接查验手续。对暴露出来的质量与配套设施等问题，不能也不敢站在为业主负责的公正立场上，督促开发商加快解决。种种问题引发层出不穷的纠纷，严重地破坏了物业管理的生存条件和物业小区的和

谐环境。

监管薄弱，职能缺位。物业管理行业的主管部门要承担企业年审、招投标管理、投诉受理、综合考评、业主组织工作指导等多块业务管理，根本分不出人手和精力对物管事务严格监管、深入指导。行政监管薄弱使得物业公司取得管理权，业主大会召开成立业主委员会，这两个后续纠纷的"源头"不能得到有效地规范，发生问题的各方也投诉无门或投诉无果，后期其他问题的预防与发生后的处理情况可想而知。此外，政府作为社会公共服务的提供者和管理者，对物业管理关注更多的是社会效益和减轻行政管理负担，所以难免会将诸如外来人口、计划生育、社会治安等方面的许多行政职能加诸于物业服务企业身上，忽视了其"经济人"的主体地位，对于整个社区的管理没有形成有效整合。

（二）物业服务企业的问题

企业是物业管理的提供者，目前存在的主要问题是：

（1）角色错位，代人受过

角色错位有两种情况：一种是部分物业服务企业是从房地产开发企业派生出来的，这种建管不分的体制决定了物管从属于、依附于、受制于房地产开发企业。开发商留下隐患，往往要由物业管理来承担，由此引发出业主对物管的不满，从而使工作处于被动。同时，在物业公司运营目标上，也是为房地产企业服务，地位不高，许多企业处在亏损的边缘。这使物业公司留不住人才，从业人员整体素质偏低，制约了行业的良性发展。另一种则是由我国物业管理实践的超前性和不配套而造成的。在社区建设中，物业管理常常"义务"履行了部分政府职能，而作为市场经济中的主体，由于没有相应的行政手段，导致企业在实际管理中存在诸多问题，业主往往也迁怒于物业服务企业，使物业公司出力不讨好。

（2）管理不规范，服务意识不强

据住建部的有关资料显示，在全国近三万多家物业服务企业中，体制新、机制活、竞争力强的企业不到10%，按现代企业制度完成企业改制的不到4%。大多数企业存在着体制不顺、机制不活、产权关系模糊、内部管理薄弱等问题。企业的管理不规范，往往导致部分物业管理只顾眼前利益，为减少成本或追求利润，收费与服务不相符，物业日常维护上收支不透明甚至只收费不服务，侵犯业主权益、损害业主的利益的现象时有发生。此外，部分物业管理服务意识不强，没有从原来的"管理者"的角色转变过来，还未形成"在管理中服务，在服务中管理"的机制，造成服务意识不强、水平不高。

(三)业主的问题

业主是物业管理服务的需求者,目前,主要存在的问题是业主的物业知识缺乏,给物业管理服务带来难度。2008 年 5 月,在重庆市人大、市房管局和重庆教育学院等单位组织的物业服务认同度调查结果显示,自认为对物业管理知识了解的仅占 28.3%,56.9%的业主认为"了解一点"。相关知识的缺乏使大多数业主并没有从财产、契约和消费的角度理解物业管理服务,公共权利义务意识淡漠,很难主动参与和自觉守约。部分业主认为自己付钱给物业公司,是业主养活了物业公司,把自己放在"雇主"的地位,把物业公司当作"仆人",观念的混乱造成了许多问题,如某些业主不遵守管理规约、拒交管理费等,成为物业管理服务的一大顽症。

四、正确发挥物业服务企业在构建和谐社区中的作用

物业服务企业在构建和谐社区的过程中有着举足轻重的地位,使得解决物业管理现存问题变得刻不容缓。依据《物业管理条例》的指导思想以及物业管理行业的特点和现状,当务之急应该是解决物业管理行业面临的观念认识和法规滞后的两大问题,推动和谐社会的建设。

(1)从物业服务企业内部文化建设着手,培育先进的物业管理价值观和"以德兴企"的物业服务企业文化的根本之源

①培育先进的经营理念和与时俱进的物业管理服务精神:先进的经营理念是树立企业形象的推进器,也是树立良好社会信誉,创造经济效益的重要手段。物业管理服务应树立平等竞争、优质服务、诚实守信、遵守规则、勇于创新的理念,强化物业管理中的社会责任,体现以人为本的服务宗旨;同时,制订激励员工奋发向上的行为准则,使员工树立"岗位不同,观念相同"的服务意识。

②建设"以德兴企"的物业服务企业文化:物业管理的产品就是服务,物业管理的竞争就是服务质量的竞争。在市场经济条件下,对业主的优质服务才是物业服务企业立足市场的根本,没有良好的服务就不会有良好的企业信誉。因此,应通过各种形式强化员工的诚信意识和优质服务意识,将诚信服务视为服务的宗旨。

(2)加强法律知识宣传,将人性化融入物业管理服务之中

目前,物业管理的法律法规还不够健全,但作为物业服务企业,更多的应该是将目前已有的相关法律法规进行学习宣传,将人性化融入物业管理服务中,而不是一味地埋怨法律的内容不周全或实施不到位等问题。

①在法律法规宣讲中体现人性化。探索一条适应社会主义市场经济的房屋物

业管理服务模式，自1995年以来，全国人民代表大会、国务院及有关部门颁布了《城市新建住宅小区管理办法》《城市住宅小区物业管理服务收费暂行办法》《物业管理条例》《物权法》等一系列法律法规，这些有力地维护了国家利益和物业管理单位和物业产权人、使用人的合法权益，成为促进物业管理行业健康发展的有力保障。物业管理服务工作应抓住各种机会，利用多种形式向业主广泛宣传这些法律法规。如电梯收费问题，写字楼必须使用电梯，电梯的电费、维修费和折旧费用较高，应按使用层数还是按使用人数分摊，或者按使用次数收取费用，众说纷纭。应依据《物业管理条例》统一认识。电梯是所有用户的共有设备设施，根据条例的规定，共用设施的维修和管理费用就应由业主共同承担。还有诸如屋面漏水、楼层噪声等问题，物业服务企业也应利用宣传手段进行广泛深入的人性化说理释法，使这些物业管理法律法规深入人心，为物业管理创造良好法律环境。

②在服务意识中体现人性化。物业服务企业和业主既不是隶属关系，也不是管理与被管理的关系，而是以物业服务委托合同的形式来承载和约束双方的平等的法律委托与被委托关系。物业管理服务中“业主就是上帝”的思想，极易使业主趾高气扬，而物业员工则会唯唯诺诺。长此以往，双方的关系会日渐恶化，成为友好合作的隐患。社区是物业服务企业工作、业主生活的载体，物业服务企业和业主是紧密联系的整体。在坚持“业主是和谐社区的主体”理念的同时，还要提倡互相理解、互相支持、互相尊重。或许，可以将物业与业主双方的关系重新定位为“业主就是兄弟”，这一人性化换位也许会起到意想不到的效果。一句富有人情味的话语，一个融洽的氛围，一个和谐的环境往往会使很多物业管理难题变得不那么难以解决了。

创建社区建设与物业管理良性互动的新机制

周代高

和谐,是中华民族传统文化的精髓;社区,是社会的细胞,是指聚居在一定地域范围内的人们所组成的社会生活共同体。社区的真正意义在于它是整体社会的一个“全息缩影”。作为局部的社区,是一个包含了整体社会基本信息的独立单元,社会的生活需求、利益关系、群体矛盾、阶层结构和运行逻辑,在社区都有对应的表现。社区是社会的一个窗口,把握了社区就在很大程度上把握了社会,把握了和谐社区建设的原理,对于把握和谐社会就有了基础和借鉴。胡锦涛同志早前提出“建立和谐社会”的思想要建立和谐社会,关键是每一个基层社区都是和谐的,都按和谐社会的要求做了,整个社会的和谐才能实现。

和谐社区的概念来自于和谐社会,在党的十六大报告中,作为全面建设小康社会的目标之一,提出要使“社会更加和谐”。而和谐社区建设是指以邓小平理论和“三个代表”重要思想为指导,全面贯彻落实科学发展观,努力把社区建设成为管理有序、服务完善、环境优美、治安良好、生活便利、人际关系和谐,各个社会群体和谐相处的社会生活共同体。而一个和谐的社区,应该是能够享受到优质服务的社区,应该是和睦相处的社区,应该是安全舒适的社区,应该是一个道德高尚的社区。生活在这样的社区里,居民们就会有幸福感、幸运感、归属感和自豪感。社区就是居民群众真正的心灵家园。

和谐社区,应该是一个在社区与政府、社区与企业、社区与社会、社区与居民以及居民与居民之间讲求民主法治、公平正义、诚信友爱,居民与环境的和谐相处充满了活力、安定有序、良性互动的社区。它应该具备以下特征:

①社区组织结构的合理,各种规章制度的完善,管理有序,社区稳定安全。社区党组织能够充分发挥其领导核心的作用,具有一支高素质的管理社区、服务社区的干部队伍,能够真正尊重、真情交往、真诚服务于广大居民群众。

②居民对社区事务能够广泛参与,居民民主意识强,社区自治化程度高。参与是构建和谐社区的生命线,没有居民的广泛参与,社区和谐就不可能实现。参与社

区事务标志着居民既可以分享社区内的利益，又能承担社区内的责任。

③社区内有轻松的文化氛围和良好的社会风尚以及丰富多彩的娱乐休闲活动。

④社区的服务功能比较完善。社会服务、社会福利的社会化程度比较高，社会困难群体的生活能够得到保障，社区单位和一般居民的物质文化生活需求能得到基本满足。

⑤社区居民与环境和谐相处。提倡“尊重自然、爱护环境”的生活观念是和谐社区的第一标准。

在以上理论的支持下，在建设和谐社会的大背景下，我们作为物业管理人员更要为建设和谐社区发挥重要作用。和谐社区是物业服务企业乃至全行业赖以生存和发展的条件。多年来，我们物业管理行业的广大从业人员，在基层社区辛勤工作，保证了业主和居民们的正常生活秩序，与他们形成了不可或缺的“鱼水”关系，为构建和谐社区作出了应有的贡献。然而，怎样才能建立物业管理与社区建设的良性互动呢？笔者认为应该做到以下几条：

一、坚持条块结合、属地管理，发挥社区优势，切实加强对业主大会的指导与监督

住宅物业管理是社区管理的重要组成部分，是社区建设的基础性工作。要根据条块结合、属地管理的原则，充分发挥街道党工委、办事处的综合协调作用，协调好房地办事处、综合城管大队、派出所、居委会、物业服务企业各方面力量，把物业管理纳入社区建设中去。各区县政府，特别是各街道办事处（乡镇人民政府）应当切实加强对住宅物业管理的指导、监督，关心和重视业主大会的建设，努力创建物业管理与社区建设良性互动的新机制。

二、落实街道办事处、物业服务企业和相关政府部门在社区建设中各自所应担负的职责

街道办事处应当加强对辖区内物业服务企业的指导和监督检查。其主要职责是：参与新建居住区的入住验收，对未按规划建设配套公共设施或者存有质量问题的，有权提请规划、建设行政区域主管部门予以纠正；会同主管部门指导业主管理委员会组建工作，对物业管理委员会的组建提出指导意见；会同主管部门对辖区内居住区的物业服务企业进行监督管理；及时协调、处理辖区内的物业管理纠纷。

物业服务企业要按照法律、法规的规定和物业管理委托合同的约定为居民提

供服务。要自觉接受街道办事处和新型社区居委会的监督,不断提高服务质量和管理水平;要严格按照《物业管理条例》及有关法律、法规的规定和物业管理委托合同为居民提供优质服务。

政府各有关部门应当对辖区内物业服务企业进行行政管理和监督。各有关部门应各司其职,密切配合街道办事处并结合辖区的实际情况,研究制订具体的方案和措施,以利于街道办事处能在指导和监督检查物业管理的工作上得到保障,从而推动物业管理和新型社区建设。

三、共享社区资源,完善自我管理,开创共驻共建、优势互补的社区建设新局面

按照"条块结合、资源共享、优势互补、共驻共建"的原则,物业服务企业或物业小区管理单位,在参与社区建设的过程中,应当充分利用社区资源,加强自身建设,完善管理体制,提高自我发展的能力。一是共享社区党建资源,提高企业党建工作的战斗力和覆盖面;二是共享社区行政资源,提高企业解决协调社会矛盾的能力;三是共享社区管理资源,加强企业监管,规范业主自主管理。

四、发挥自身优势,创新工作方式,形成主动参与社区建设的新格局

要正确把握物业管理与社区建设的依存关系,从物业管理行业的特点和发展现状出发,充分认识到做好物业管理服务工作必须紧紧依靠社区的支持和帮助。物业服务企业要抓住加强社区建设的有利时机,共享社区资源,促进自身建设。物业服务企业应主动争取社区党组织的领导和指导,积极参与社区建设各项工作,积极发挥优势,扩大服务范围,创新工作方式,为社区建设作出应有的贡献。

实际上,社区是否和谐,与市民的素质有很大的关系。市民素质的提高,对构建和谐社区起着关键性作用。市民素质的提高,离不开教育。教育,不仅在校园,更在家庭、在社区。让我们为了建立社会主义和谐社区乃至和谐社会而共同努力吧!

积极参与构建和谐社区

张　嵱

和谐社区建设是指以邓小平理论和“三个代表”重要思想为指导，全面贯彻落实科学发展观，努力把社区建设成为管理有序、服务完善、环境优美、秩序良好、生活便利、人际关系和谐，各个社会群体和谐相处的社会生活共同体。因此，和谐社区的建设是需要全社会各阶层的共同关注和共同努力，才能得以实现。

随着社会的进步，房地产市场的快速发展，人们生活品质和需求的逐步提高，物业管理这个服务于千家万户的行业越来越受到社会的重视，受到广大市民的青睐。因为，他们所提供的专业化物业服务管理，为广大市民营造了一个文明安全、环境舒适、人文和谐的生活环境。也就是说，物业服务行业正在为治理和谐社区而默默地奉献。在此，笔者就物业服务行业是如何积极参与构建和谐社区谈谈自己浅薄的看法。

一、专业化的服务、规范化的管理，为建设和谐社区奠定基础

专业化的物业服务管理，就是要求从业人员必须经过专业的培训，持证上岗，包括保安、保洁人员都要经过培训，并讲究礼节礼貌。

规范化的物业管理就是要有一套完善的物业管理制度，规范的操作流程，依法经营、依法管理，严格按照物业管理条例及相关法律法规实施。

规范化的物业管理就提倡的“五保”，即保安、保洁、保修、保绿、客服。专业化的服务，规范化的管理，为小区提供了一个服务完善、管理有序的良好环境，为创建和谐社区奠定了基础。

二、规范的保安服务，为建设和谐社区提供安全保障

物业服务的保安通过设立门岗值班和小区巡逻岗，以及安防设施的监控，加强了对小区外来人员的管理，物品出入的管理，小区公共秩序的维护，防火防盗等管理。所以，规范的保安服务，不但为广大业主提供了一个安全文明、放心安心的生

活环境，还能预防小区不安全事件的发生、突发事件的处置和有效遏制打架、斗殴等违法犯罪行为的发生，切实保障了小区有良好秩序，为构建和谐社区创造前提条件和安全保障。

三、专业的设备设施管理，为建设和谐社区提供后勤保障

物业服务管理的一个根本目是让业主的资产能够得到保值增值。物业服务的人员应具备相应的专业知识，如需要对什么进行维修，只要业主一个电话就能解决问题。此外，物业服务专业的维修人员定期对小区的设备设施进行的维护保养，定期对水电气、电梯等共用设备设施进行检查，预防可控制设备设施故障的发生，保障设备设施的正常运行，延长设备设施的使用寿命，为广大业主提供了一个便利的生活环境，以解决广大业主的后顾之忧，为建设和谐社区提供了后勤保障。

四、细致的保洁绿化管理，为建设和谐社区营造了良好的生态环境

物业服务的保洁、绿化人员日复一日、年复一年地对小区环境卫生进行打扫，对垃圾进行清理，对绿地进行松土施肥、修枝整形、补栽打药等。他们默默无闻的付出，无疑为广大业主创造了一个美好的生态环境，使业主们的健康水平不断提高。

五、丰富多彩的社区文化活动的开展，为和谐社区精神文明建设创造有利条件

社区文化是物业管理人与社区业主共同创造的、具有社区特色的精神财富和物质形态的完美结合载体。为此，物业服务十分重视社区文化建设。首先，通过板报、标语等形式宣传物业管理、社会治安综合治理、爱国卫生、精神文明建设创建、和谐社区等相关知识；其次，公司在三八妇女节、六一儿童节、国庆节、元旦节等节日里，针对不同年龄层次的业主，利用文娱表演、游园活动等多样形式、丰富社区文化生活，加强业主与业主、业主与物业公司的交流与沟通，增进了相互间的友谊与情感，为和谐社区精神文明建设创造有利条件。

由此，我们深刻地认识到物业服务管理的重要作用，不但在经营城市、管理城市、提高城市形象等方面作出了贡献，还在为广大市民营造“安全、文明、舒适、温馨、人文”的居住环境，为促进社会的和谐发展发挥了重要的作用。

和谐社区建设之我见

陈远方

构建和谐社区是构建社会主义和谐社会的基础性工程之一。和谐社区的标准包括两个方面:在硬件方面,主要体现在注重社区内部环境的营造,注重环保、节能技术的应用,注重与周边环境的和谐与沟通等;在软环境方面,主要包括营造社区精神、开展社区文化活动等内容的社区文化建设,以及社区居民对公共事务的参与度、邻里关系的和谐度等。下面谈谈对我市构建和谐社区的思考和建议。

一、切实搞好售后服务和物业管理

和谐社区需要具备优质的社区产品售后服务系统,良好的物业管理,健全的社区组织,较好的公共服务系统。一个硬件再好的社区,如果物业服务不到位,社区缺乏安全感,经常有各种投诉纠纷,就根本谈不上是和谐。很遗憾的是,目前我市相当一部分社区都存在开发商与业主的不和谐,物业公司与业主的不和谐,业主之间的不和谐等各类问题。

物业交付使用后会有大量的产品售后维护问题,这涉及业主基本权益,如不能保障,大量的业主纠纷就会发生。物管公司应筹建大客服体系,将成熟行业的客服体系引入地产行业,成立专门的客户服务中心,设立统一的投诉电话,在物业公司以及其他有关方面的配合下,处理各社区的维修和其他投诉业务。实践证明,售后服务不仅有效解决了业主入住后各种服务与维修问题,还极大地改善了业主与开发商、业主与物业公司之间的关系。现在我市已经出台规定,要求开发商必须成立专门的售后服务机构负责房产交付入住后的维护保修,这些都是促进社区和谐建设的有效措施。

二、构建和谐社区要把环保、节能、健康作为衡量的重要标准

依靠科技进步,减少建设环节资源消耗,降低能源消耗,降低建设成本和使用成本,为业主创造一个环保、舒适、健康的居住环境和社区环境,这是新型的、现代

化社区的发展趋势和方向。一方面,我国在快速发展的过程中,资源、能源紧张的矛盾日益突出;另一方面,随着社会的发展与进步,人们对居住环境、生活质量的要求也越来越高。这些都对未来社区提出了环保、节能、健康的要求。拿节能来说,据统计,我国能源总消耗中,建筑能源消耗占60%以上,而与欧洲国家相比,目前我国的住宅中只有2%符合于节能型住宅标准,98%都不符合。再拿环保来说,欧洲许多国家,水循环再利用、太阳能利用、垃圾无害化处理等技术在社区普及率达到70%以上,而我国社区普及率不到10%。对一个社区和一个城市来说,其可持续发展的因素之一取决于这些环保指标,这应当成为建设和谐社区、和谐城市的重要标准。

三、做好前期规划

科学合理的规划,包括良好的建筑品质,完善的基础设施,完备的公共活动场所,较好的园林、生态条件,这是构建和谐社区的重要基础和前提保障。很难想象,一个建筑立面糟糕、功能布局不合理、配套不完善、房屋质量不好、环境恶劣的小区能成为和谐社区。因此,在社区项目的开发建设中,应十分注重做好前期规划工作,为业主入住后创造了一个非常良好的居住和生活条件,为社区和谐打下了基础。

四、注重营造健康向上和谐的社区文化

特色鲜明的文化氛围,互相尊重、和睦相处的邻里关系,良好的社区道德风尚,是和谐社区的灵魂,也是和谐社区的基本特征。在小区中将业主委员会、各种社区协会、社区外组织、社区活跃分子联合起来,并通过组织大量的社区活动,营造和谐友爱的邻里关系、健康向上的社区文化。通过这些活动,密切开发商、物业公司、业主与业主之间的关系,在广大业主中、在社会上产生了良好的反响。社区通过举行一系列活动,又能培养一大批热心参与社区活动的积极分子,将会更有效地推动社区的文化建设。

安保工作与和谐社区建设

江　洲

什么是和谐？和，相应也；谐，和也。“和谐”二字简洁、生动而又朴实无华地反映了中国人心灵深处对于人、社会与自然最深刻的理解，是对中国文化和中国哲学精神最精辟的诠释。那什么是和谐社会呢？和谐社会简而言之就是民主法治、公平正义、诚信友爱、安定有序而又充满活力的人与自然和谐相处的社会。在创建和谐社会的大战略背景下，对物业服务企业来说，为业主创建一个安宁、整洁、有序的生活居住环境，提供优质、诚信、公平的服务和丰富健康的社区文化生活，就是创建和谐社会的具体体现。

在物业管理行业中，因为安全保卫工作在生产经营中不直接产生利润，属于非盈利部门，所以常常被一些领导认为是依附于服务而产生的“二线部门”。其实这种看法是错误的。如果不能有效合法地维护业主或住户的人身财产安全，得不到客户的信任，再昂贵的设施，再一流的服务都将成为无稽之谈。短短的二三十年，市场经济的飞速发展推动着物业管理行业的蓬勃兴起，物业管理已逐步进入千家万户，并正在成为构建和谐社会的一个不可或缺的音符。而安全保障作为物业管理行业中的首要任务，更是在企业的可持续发展经营中起到了举足轻重的作用。

那么，如何做好物业管理中的安保工作以促进和谐社区建设呢？应从以下几个方面寻找答案。

一、在基础工作中抓好安保建设

(1)体系及规章制度的建立与完善

科学划分各级、各部门以及各个员工的安全管理职责，层层签订“消防安全责任书”，逐级负责，把安全管理工作细化到班组、员工，建立和完善责任体系，确保管理过程中的安全工作环环相扣，避免发生事故。

(2)制度的建立与执行应因时而异

在不同的发展规模、发展阶段，规章制度必须适应新的形势及新的生产经营的需要。如果故步自封,所有制度都将因脱离现实而成为空文。因此,无论制定什么样的规章制度,事前都要详细了解实际形态、整理分析各类问题,而后制定规则,这样才有意义。

(3)重意识,抓细节,具备高度责任心

如果缺乏必要的安全意识,工作疏忽大意,再完善的安全措施和制度也将形同虚设,秩序混乱、偷窃、火灾甚至停车事故都会发生,用户的安全难以保证,物业管理形象更受影响。因此,在安全管理上,公司始终坚持"安全第一、预防为主"的方针。结合公司的特点,积极探索安全监督管理模式,形成"四位一体"的监督管理模式:以派出所为主的"片区监督"、以社区居委会为主的"流动监督"、以关心小区公益事业的业主(业委会成员)为主的"过程监督"和以物业公司为主的"全线监督"相互结合,力求把安全隐患减少到最小。另外,笔者所在公司结合"五检一查"(日检、周检、月检、季检、年检和夜查),对检查出的问题,认真分析,进行安全讲评和提出要求,限期整改,定期复查,力争做到隐患整改率达到100%,有效地消除事故隐患和安全隐患。

二、在管理过程中坚持以人为本

安全管理中最重要的因素是人,所以应努力实现以人为本的管理理念,并把这种理念通过各级管理人员的身体力行,通过职能部门的专业化指导,通过有针对性的跟踪、调查,贯彻下去,达到增强员工的安全意识和自我保护意识、培养良好的操作习惯、控制和减少事故发生的目的。

安保工作的管理难度较大,并且要让那些来自五湖四海的员工快速融入团队,认可公司的企业文化,这就要求安全管理的各级责任人始终把安全教育培训摆在突出的位置,抓住不同岗位的安全技能、安全操作、安全交接、安全检查这四个环节,使所有岗位明确该怎么做、不该怎么做,严防因违章而发生事故。作为安全管理的各级责任人,应善于聆听员工的心声、意见、看法,并认真地加以分析,才能避免工作中由于疏漏造成的失误,这也是团结员工,调动员工工作积极性的最有效的办法;鼓励员工开动脑筋,不断地思索,积极有效地完成各自的工作任务;为安保人员创造较好的生活、工作和学习环境,尽可能地帮助他们解决实际困难。只有管理人员把安保人员看成了朋友和家人,安保人员才能把直接服务的业主看成朋友和家人;也只有以心换心,业主才能真心地把物业管理人员看成自家人。

三、在辖区内实行群策群力，内外协同

在实际工作中，小区道路机动车的磕、碰、挂、蹭时常发生；非机动车的被盗现象屡见不鲜。针对各住宅小区业主、租户人员复杂、流量大的特点，防范事故的重点从推行强制性规章制度转向提高业主、租户安全防范意识上来。认真做好“三到位”。

安全宣传到位：利用一切宣传手段对业主进行安全宣传，如利用广播、板报、小区宣传栏、宣传单、条幅、展板等进行宣传。

安全温馨提示到位：在节假日、春秋大风天气等不同季节进行不同的安全温馨提示，提示业主注意确保自己的财产和生命安全。

安全管理到位：在日常管理中，要求业主、租户将安全责任人、管理人名单报安全管理部门备案，以便在紧急情况下联系。比如，防火工作中，若要动用明火，装修的施工单位负责人必须到各责任单位填写动用明火审批表，双方签订治安、防火安全协议书，并把所需动火楼层的具体位置、动火种类、操作人员的证件号、操作证号，经责任部门核对无误后，方可动用明火，并配置灭火器。

物业服务企业只有通过内外结合，才能使公司安全管理工作呈现出“公司管理、业户关注、共同防护”的可喜局面，才能把安全落在实处。

四、实施智能化的管理

随着科技的进步，住宅的智能化不断升级。一些小区除了采取传统的保安巡逻、保安门岗措施外，还采取红外线周界报警、电视监控、家庭紧急报警、可视对讲等智能化的安保设备和措施。保安巡逻这一传统的安保措施因其节约成本、效果好而仍然被广泛采用。有的小区采用了电视监控的措施来保障业主的安全，但这些智能化设备的维修和维护又逐渐成为市民反映问题的焦点。诸多安保措施的不落实，直接造成了住户对物业服务企业安保工作的不满，最终大大降低了他们对物业管理整体服务水平的认可。市场呼唤物业管理的安保设施智能化、安保队伍的专业化，提高安保人员的专业素质。

没有狠抓就没有安全，安全管理警钟长鸣，无论安全工作头绪有多么繁杂，任务多么艰巨，只要用心去做，真正把企业、员工和业主的安危放在心上，理论与实践相结合，就一定能把安全工作做好、做细、做出成效。

五、走动式的服务和管理

坚持深入到群众中去，倾听、了解业主、住户的想法、建议和意见，多为业主着想，采取走动式的服务和管理。

这样才能及时有效地沟通交流，改进服务，使大多数群众满意。

六、积极开展社区活动

在现代钢筋水泥“大森林”的生活模式下，邻里之间的沟通交流渠道不畅，物业服务企业应积极组织小区业主开展有益的活动，搭建交流平台，营造温馨的居住环境，为他们创建一个安全、舒适的公共生活环境，这是和谐社区建设必不可少的部分。

总之，构建和谐社区是每个物业管理从业人员应尽的职责，更是我们所担当的光荣义务。“和谐社会，从我做起。”首先应从自身从事的具体工作做起。

论业主自治在构建和谐社会中的地位

陶光华

随着城市化进程的推进,住宅已成为我国大部分城市最主要的房地产项目,以高层建筑和多层建筑为主的住宅小区大量出现,使得物业管理业得到了较快的发展。然而,物业服务企业与业主的纠纷也呈逐年上升的趋势,这使我们不得不重新反思业主的权利和物业服务企业利益之间的关系。新世纪是中国发展的关键时期,为了促进我国经济社会的健康发展,党提出了"构建社会主义和谐社会"新理念。充分发挥业主组织自治精神,不失为解决当前物业管理中许多问题的重要途径。

一、业主自治是物业管理的基础

建筑物区分所有权的出现催生了现行的物业管理制度。所有权是绝对性的权利,它排除了非所有权人对物的干预。无论物业服务企业还是政府都无权干预所有权人对房屋的处分,但其他共有共用所有权、使用权人却有权要求该业主不得损害其他业主的利益。因此,涉及共有部分的物业管理问题只有业主才有最终的发言权,物业服务企业只能在业主的授权范围内开展服务活动。物业管理的主体应当是业主。

《物权法》规定:业主可以自行管理也可聘请物业服务企业或其他人管理物业。从法律层面确定了业主在物业管理中的主体地位。

但我国目前业主自治的情况并不乐观,主要表现在两个方面:一是管理规约约定不合理,执行性差;二是业主参与意识不强,权力观念淡薄,搭便车现象严重。

①管理规约是全体业主(区分所有权人)在平等协商和意思自治基础上形成的共同意思表示。它经过了充分协商,各种业主利益妥协形成最后决议文本,由全体业主签署或加入。是所有业主之间非单纯性债权性质的契约,是众多业主之间的社会化契约,是业主之间权利义务的基本规定,是自治团体的最高规则,也可称小区的"小宪法"。管理规约的主要内容关系到该物业管理区域内全体业主利益

的基本事项，涉及物业区域共用、共有部分使用和共同事务的管理以及业主代表的选举方式和权限。它对所有加入或签署的业主具有法律约束力。但目前绝大部分的规约几乎都存在着口号性条文，多数约束力不强，违约责任约定不明。业主自治的依据不足还能奢谈什么有效自治呢？

其实这一问题不难解决，订立规约时咨询法律专业人员，使规约具有较强的操作性。同时业主们让渡一部分公共权利，把追究违约责任的这部分权利委托给物业服务企业行使，业主们只需对物业服务企业的管理结果进行监督即可。因为物业管理是一项专业性极强的事务，它需要专业的服务人。物业管理，从房屋上看，管理主要是维护、修缮；从社区角度上说，管理主要是保洁、保安、绿化；从共同居住秩序上说，管理主要是防止个别业主或租户对共用部分的损害和对全体业主利益的损害。前两点基本是服务，第三点才是管理公共事务，而物业管理的目的是提升业主的居住品质，保护业主的物业财产价值。物业管理的性质是业主将自己对物业一部分的管理权委托给物业服务企业，让物业服务企业服务业主，提高对物业利用的效益。物业管理权纯粹是私法上的权利，其本质是业主自治权利的延伸。因为一个居住区内有众多业主，如果业主采取自我约束或自律管理的方式，虽然可行，但非常不经济，不符合市场经济和社会分工细化的潮流，不能得到最大效益。因此，即使物业服务企业行使一些类似于行政管理的“权力”，实际上这种“管理权”仍然源于全体业主或业主委员会的授权和同意，是业主委员会授权物业服务企业代表全体业主维护整体利益和物业的使用秩序。物业服务企业与业主委员会签订的物业管理服务合同从本质上说是一种委托合同。

②造成业主参与意识不强，权力观念淡薄，搭便车现象严重的原因有很多，其中物业管理条例设置的自治门槛太高、自治的成本高昂是主要原因。例如，召开业主大会的两个 1/2 和重大事项的 2/3 的规定，足以吓退绝大部分想召集大会的普通业主。在那些动辄几百户居住数千人的小区，召集这些业主本身就是一个浩大的工程，需要动用大量的人力和物力，这是一般业主能力所不及的。这一问题的解决需要政府和居委会的帮助，由有关部门给予必要的指导，同时完善立法，降低业主行使权力的成本，借助科学的手段比如电子签到、网上投票等多样化的途径行使权力。

二、正确处理业主委员会与居民委员会的关系

(1) 居委会

1982 年宪法首次以根本大法的形式明确了居委会的性质任务和作用。1989

年《中华人民共和国城市居民委员会组织法》(以下简称《居委会组织法》)取代原《条例》,其内容较之《条例》更具体。尽管在法律地位上居委会的存在取得了合理性,但是随着时代的发展,居委会却面临着向何处去的问题。

在现行宪法和法律上,居委会不属于一级政权机关,对居民不直接行使国家权力,而是居民自我管理、自我教育、自我服务的群众性自治组织。居委会的自治权不属于国家权力的范畴,而是宪法所保障的城市居委会处理本居住区居民自治事务所必需的权利。居委会作为社会基层的自治组织有对本居住区的社会性事务进行自我管理的权利。

据《居委会组织法》第三条、第四条、第五条之规定。居委会经办事务可分为:委托事务和自身固有事务。委托事务包括两个方面:一是必要事务,例如,人民代表选举,人口普查,管制刑事罪犯等;二是选择事务,由居委会根据财力物力协助政府交办的事项。自身固有事务也可分为两大部分:一是办理与当地人民群众福利有关的社会事务;二是按法律规定的自治团体应有的事务。

按《居委会组织法》,基层政权及其派出机关对居委会的工作指导、支持、帮助;居委会协助前者工作。但在现实中二者之间却是主要呈现指挥、领导、命令和服从的关系。此外,警署、房管所、环卫所及某些企业也通过街镇给居委会“布置”任务。甚至在很多居委会干部和街道的思想上,认为两者之间的关系就是事实上的“领导与被领导”关系。

从居委会干部的产生来看,一般由街道物色人选,居民选举更多的时候只是走形式,甚至完全不用选举的形式,直接指定。居民的选举权实际上被架空了。

(2)业委会

所谓业主委员会,是指由物业管理区域内业主大会选出的代表所组成,代表业主的利益,向社会各方反映业主意愿和要求,并监督物业服务企业管理运作的业主自治组织的执行机构。业主委员会的权利基础是业主对物业的所有权。业主委员会依法成立,但不具备法人资格。对有关物业管理纠纷可以用提起诉讼或应诉,在民事诉讼中属于我国《民事诉讼法》第四十九条规定的“其他组织”一类。它代表该物业的全体业主,对该物业有关的一切重大事项拥有决定权。根据政策规定:居住小区已交付使用且入住率达到50%以上时,应当在该居住小区开发建设单位、居住小区所在地的区、县房屋土地管理机关指导下成立业主大会并选举业主委员会,定期换届选举,委员可连选连任。

业主委员会是沟通业主和物业服务企业的桥梁,代表和维护着房地产产权人、使用人的合法权益。它代表业主大会监督居住小区物业管理工作的实施,协助物业服务企业进行管理工作。它的存在有利于明确业主与物业服务企业之间的责、权、利关系;有利于促进物业管理市场竞争机制,在物业管理市场中发挥着重大作用。并且,随着国内物业管理法律法规体系的完善,业主委员会的法律地位将会得到更加明确的保障。

(3)二者关系

从居委会来看,法律赋予其工作内容有七项:进行法律政策宣传、对居民履行义务和爱护公共财产教育和开展精神文明建设活动;办理居民的公共事务和公益事业;维护居民合法权益、向政府或其派出机关反映居民意见要求和提出建议;调解民间纠纷;协助维护社会治安;协助政府或其派出机关做好公共卫生、计划生育、优抚救济和青少年教育;以及开展社区服务内容等。

对这七项工作进行分类,可以发现它们并非都是自治事务而是包括行政工作、社会工作和自治事项三大类,其中行政事务占据了居委会工作的主要方面。对此,如果居委会没有行政能力和行政功能,或者说居委会确是居民自治组织的话是难以承受和完成的。

相比之下,业委会工作主要集中于业主自治事务。其中包括代表全体业主与业主大会选聘的物业服务企业交涉和签订合同,了解业主和物业使用人的意见和建议,监督和协助物业服务企业履行合同,监督管理规约的实施,召集业主大会并报告物业管理实施情况,以及配合公安机关搞好社区内治安等工作。

二者也有不同之处,作为一个自治组织必然受法律法规、政府部门以及权力机构的监督制约。如业委会受《条例》的约束和政府主管部门以及业主大会的监督,如发生违法行为,业主大会和政府部门可根据《条例》追究业委会的法律责任。然而类似约束在《居委会法》的条款中却找不到,而且居委会工作经费和生活补贴由政府规定并拨付,居委会办公用房由当地政府统筹解决。

由于1990年法律制定时全国尚未形成业主群体,《居委会法》未涉及居委会与业委会的关系,然而,在《物业管理条例》中十分清楚地阐述了二者的法律关系,即业委会应当积极配合居委会,支持其开展工作并接受指导和监督。但《物业管理条例》只规定业主大会和业主委员会要配合公安机关,要配合居民委员会,并且受其指导和监督,而没有规定要配合其他政府机关,也没有规定居民委员会应该承担什么法律义务与业主大会和业主委员会协调自己的工作。因此,这些规定其实是片面的。业主委员会作为业主基于物业产权的自主治理组织,居委会作为居民公共事务的自主治理组织，虽然其权利基础有差异，但具体职能方面的确有很多重复。如何协调两者之间的关系，事关城市社区治理能否顺利发展，需要公民在实践中继续探索和积累经验，也需要全国人大及其常委会进一步修改和完善并制定基层群众自治的相关法律。

(4)建议

为此，重新确立居委会和业委会的法律地位，合理协调二者的关系已成为当务之急。

①明确居委会的性质和职能。居委会对社区具有行政和自治双重功能，对业主自治组织发挥监督和制约作用，但不能与业主自治组织相混淆。

②改革居委会体制，精简人员、减少事务。现由居委会承担的工作中，可以交由业主委员会和社会组织办理的事务，应尽可能地转让给他们。

③业委会在业委会选举等重大事项上应主动接受居委会的监督。目前，越来越多的居民成为房屋所有权人，而这些业主在基层民主建设中将发挥越来越重要的作用。但由于种种原因，相当数量的小区业主与物业服务企业矛盾尖锐，甚至在业主内部也存在利益诉求差别较大的不同“派别”，普通业主对选举筹备者缺乏基本的信任，导致业委会的选举进程困难重重，且缺乏有效的监督。而作为传统居民自治组织的居委会则由于长期从事基层工作，且具有半官方的背景，在推进并监督业委会选举方面具有得天独厚的优势。

三、结论

我国正处于政治经济体制改革的阶段，在这个过程中会出现很多新鲜事物，当然这些新事物中也有些会带来负面效应，但不应因为有一些缺点与负面影响就否定甚至拒绝这些新事物。任何事物的发展与完善都需要一个过程，也就是说，完美东西的出现是以代价的付出为前提的。社会的发展与进步都是要付出代价，作出牺牲的。物业管理这个行业的发展也不例外。业主的自律、业主委员会充分发挥自己的作用、物业公司的高质量服务与管理以及主管部门的有效依法行政等目标的实现都是一个过程，在这个过程中需付出一定代价，我们所能做的只是如何把这个代价最小化。

以人为本构建和谐社区

胡 兵

社区是指居民委员会辖区,是党和政府在城市工作的基础,是城市管理的重心。随着经济社会的不断发展,各种新的社会矛盾的不断出现,使社区承担的工作任务越来越多,其协调关系、维护稳定、促进和谐等方面的作用在社会管理中的地位也越来越重要。

要做好和谐社区创建工作,必须做到:

一、以人为本,建特色团队促发展

完善的组织建设是和谐社区能够顺利进行的有利保障。在和谐社区创建中,应始终坚持以人为本的理念,充分挖掘社区人才资源优势,顺应不同层次、结构的居民群众需求,建立具有社区特色组织,利用各自的特长,为社区建设添砖加瓦,使特色团队成为和谐社区建设的重要人才支撑。

(一)建立社区建设智囊团

首先要了解社区内的人员居住情况,进行调查摸底,上门征求意见,组建具有出谋划策、参与议事、创建互动等功能的社区建设智囊团,定期召开座谈会,探讨社区建设的重大问题,帮助社区党支部、居委会出谋划策,提出有建设性、有价值的金点子,实现民间集智。智囊团应有比较固定的15~20名成员,其中的“能人”还可以担任社区创建、社区文化等活动的指导员、联系员,成为和谐社区建设的骨干力量。

(二)组建社区运动俱乐部

利用现有的社区健身活动中心,组建年轻人喜欢的时尚运动,如山地车、街舞及少儿喜爱的滑板,以及老年人喜爱的登山、棋牌等活动组织,丰富社区的业余文化生活,让广大社区成员在活动中享受生活,一方面锻炼身体,另一方面增强交流。

二、深化服务，加强基础设施建设

一个和谐的生活社区离不开完善的基础设施和一流的服务，功能齐全的服务设施是建设和谐社区的基础。

（一）整合资源，打造良好的服务设施

在社区建设过程中，应积极争取上级部门支持，并通过共建合作等途径建设生态景观休闲区、社区服务中心和社区健身活动中心。其中，生态景观休闲区应是居民闲庭信步的好去处。社区服务中心应下设社区医疗服务站、社区图书室、心语空间（心理咨询室）物管中心、音乐艺术培训中心、党员干部学习、教育中心，为居民群众提供医疗卫生、文化休闲、教育培训、便民利民等服务活动。

（二）深化服务，满足居民不同需求

良好的服务是居民群众提高生活质量的保障，可推出多种服务项目：

①特色服务，满足居民高层次的文化需求。设立音乐舞蹈培训中心，每周可开展拉丁舞、电子琴、少儿舞蹈等培训活动，这不仅可吸引社区不同年龄段居民群众的参与，还可培育一支高素质、高水平、高质量的文艺队伍。同时，也为居民自娱自乐提供了一个重要舞台。不管白天、晚上，社区的居民都可以邀上亲朋邻里来这里高歌一首或弹奏一曲，为生活增添一份乐趣。

②专业服务，满足居民的基本生活需求。社区医疗服务站向居民提供医疗就诊、计划生育等一体性服务，实现小病不出社区的服务理念；打造 15 分钟生活服务圈；物业则为居民群众提供管道、房屋维修以及旅游购物等多种专业服务。

③志愿服务，满足居民参与公益活动的心理需求。组建社区志愿者服务队。志愿者可通过网站报名、QQ 报名、社区直接报名等方式加入社区志愿者队伍，利用自己的特长为居民提供各种服务。有教育、法律等特长的人员担任社区各俱乐部的辅导员，在假日帮助社区开展文化培训、英语沟通会等活动，指导、教育青少年；青年志愿维修服务突击队，不管何时只要居民群众有需要，就即刻上门维修。志愿者们还可以走进社会福利院关爱残疾人和老年人，走进社会救助站关心留守儿童，走进民工子弟学校关爱外来务工人员子女健康成长等。特别是在社区和谐建设过程中，志愿者应自告奋勇地帮助起草公约、议事规则等文件。

三、共建共享，促睦邻友好聚人心

在建设和谐社区进程中，邻里和睦，相互关爱的人际关系是建设和谐社区的不

竭动力,也是应达到的目的之一。

(一)倡导文明,开展健康向上的群众性文体活动

社区是传播文明和先进文化的重要阵地,在和谐社区建设中,在抓教育、抓活动、抓环境上下功夫,大力开展社区群众性精神文明活动,倡导良好社会风尚。

文化建设方面,社区市民学校、图书阅览、健身活动中心应齐全,并长期向居民开放。根据居民爱好,可成立文体协会,下设书画兴趣组、文体活动组、钓鱼爱好组、音乐舞蹈组等。

通过比赛、技能交流等形式来传播先进文化,倡导文明生活。一方面依托社区网站、显示屏等宣传工具向居民宣传国家政策、公民道德。另一方面动员、组织社区青少年、志愿者参与社区公益活动,树立文明社区大家建的理念,引导居民争做文明市民。

(二)增进和谐,开展特色楼群的创建活动

创建和谐睦邻活动,通过多种互动来增加邻里文明和睦。比如,楼道文化活动就是其中的一种。社区居民大多数是上班族,上班出去锁门,下班回家关门,楼上楼下基本互不了解。为了增进邻里之间的沟通和交流,培育新型的邻里关系,可推出具有特色的楼群文化。一是发放睦邻卡,一张小小的彩纸,虽然只印有单元楼道每户家庭成员的特长、联系方式、工作单位等内容,却是联系每家每户的纽带,是邻里间从"微笑点头"到"开口问好",再到"有事要帮忙请尽管说"的大转折。二是征集创建格言。楼道居民为建设"和睦楼""绿色楼"等特色楼群发起征集创建格言的倡议。让大家认知和谐社区建设是大家的事,每家每户都要身体力行去努力、去投入,用格言的形式来表达家庭参与创建的热情与做法,从居民家庭征集来的格言通过社区精心制作,张贴在楼道内、休闲区内,会成为社区的一道亮丽风景线。

四、优化环境,确保平安

社区建设应把居民群众的人身财产安危放在第一位,把营造治安良好、生态文明、和睦安定的社区环境作为和谐社区创建的根本。

(一)完善设施,美化环境确保居民财产安全

依托智能化管理系统,配备先进的监控设备,专业的保安队伍,施行 24 小时保安值班制度,与社区内的治保调解、群防群治等队伍组成一个庞大的治安网络。技防和人防相结合的治安体系,使社区建立第一时间内发现情况,解决问题的机制,维护社区的安全,保障居民群众的生命财产。

(二)加强管理,维护干净优美的环境

社区的基础设施、植被绿化应配备齐全,并且有专门的物业管理,社区成员积极配合物业做好保洁、护绿等环境管理工作,确保社区内美、绿、亮、畅,无乱搭建、乱张贴等现象。

社区是社会的重要组成细胞,社区的和谐是社会和谐的基础环节,是社区居民对社会和谐的第一感受源。应自始至终地坚持以人为本深化服务,以“关爱、凝聚、和谐”为主题,凝聚人心增进和谐,在努力缔造居民学习、生活、工作、休闲的美好家园的同时,也为探索新型社区的管理与服务模式做积极尝试。

推进和谐社区建设

梅 春

物业管理是一个新兴行业，在社区管理中是很重要的组成部分。社区居民的切身利益，与物业服务企业、业主委员会、居民委员会息息相关，当前却出现了业主委员会与物业公司相互抵触；居委会与业主委员会之间职能交叉；物业公司与居民委员会之间多头管理等问题。这都是制度上的先天不足、观念上的陈旧落后和传统上的不良影响造成的。因此，有必要理顺三者之间的关系，以利于物业管理市场的良性发展。

业主委员会是通过业主大会选举产生，以物业的所有权为基础形成的业主自治管理组织，是实施物业管理的主体。社区居委会，是以居民的居住权为基础形成的居民自治组织，是广义上社区全体居民的利益代言组织，有人把它比喻成是业主的娘家，其实社区居委会与业主委员会两个组织都是自治组织，没有法律依据指明前者可以领导后者，是指导和监督的关系。物业公司可以比喻成业主请来的小区服务员。在社区党组织的领导下，社区居委会、业主委员会、物业公司三者之间应形成合力，力争共赢。

共赢不能仅停留在口号上，我们必须找到现存问题的症结，笔者认为目前的主要症结在于相关法律条文太粗、太简单，可操作性不大。因此，应首先从法律体系的构建入手。

物业管理法律体系的构建，是一项系统工程，须全盘考虑，统一规划，不可顾此失彼，更不能相互冲突。应坚持以下基本原则：

①充分重视物业管理在小区管理中的重要性。由于物业管理关系千家万户重要财产——房屋的保值增值和安居乐业，不仅是社区管理的基础，也是社区服务网络的重要组成部分。

②要以有利于加强物业管理，更好地为业主服务为出发点，一切为了群众，一切依靠群众，一切从群众利益出发，一切服务于建设“和谐社区”这一目标。

③物业公司抓“硬件”建设，居民委员会抓“软件”建设，正确处理物业管理与

社区管理的关系，避免"多头管理"的现象。形成业主委员会自治管理、居民委员会社区管理、物业公司的专业管理的局面。具体地说，要充分发挥居民委员会在社区管理中的主导作用，协调好物业管理和社区管理、社区服务的关系。要加强房地产行政部门的行业管理，发挥对物业管理的监督管理作用。要提高物业服务企业的服务质量和水平，加快培育和规范发展物业管理市场。要规范业主委员会的自治行为，对业主委员会的职责有明确的界定，要更好地发挥居委会综合协调、维护居民利益的作用，和居民自治组织的服务功能，不能搞企业性经营活动。三者之间，相互衔接、相互配合、各司其职，形成合力。

基本原则明确之后，三者的职责和岗位就清晰了。

今后居委会应该作为社区成员的代言人，对社区成员和政府双方负责，从权力的代表者转变为权利的代言人，对社区作出规划，动员和组织社区居民参与社区事务管理，提高社区居民的自治能力，解决社区居民与物业公司之间的利益矛盾，维持社区居民的公共权利。同时发挥社区居委会对物业公司的监督作用，弥补政府对物业公司监管的不足。并放手社区具体的服务，交由物业公司进行综合或有偿服务。物业公司作为专业的管理和服务机构，则应遵循《物业管理条例》，扮演好服务性企业的角色，为社区居民创造良好的居住环境。

居委会加强自身建设也是主要方面，应通过社会招聘的形式引进专业人士从事居委会工作或挑选居民业主为居委会的工作人员，便于与广大居民业主联系沟通。

社区服务主体的多元化也会影响三者之间的关系，为争取服务领域而滋生矛盾。面对这些问题和矛盾，必须加强政府在社区管理与服务中的监督与协调作用，所以居委会必须承担起协助政府进行监督与协调职责。物业公司作为社区物业管理的市场主体之一，其管理与服务的优劣直接关系到社区经营与服务的水平；业主委员会要与社区居委会相互携手，为业主谋求最大利益。居委会与物业服务企业、业主委员会之间应形成良性的指导与被指导、监督与被监督的互动关系，相互尊重、相互理解、相互支持，才能形成最大合力，以利于和谐社区的形成。

最好实行"三位一体"的管理机制。由居民委员会、物业公司、业主委员会组成的联合管理机构。建立工作例会制度，及时沟通情况，研究解决小区管理中的难点问题，把居委会职能与物业管理的企业行为有机结合起来，使之相得益彰，形成合力，积极推进和谐社区建设工作。

总之，业主委员会、居民委员会和物业公司，作为小区内的"三驾马车"，同驱并进。应当相互谅解、相互协作、相互督促，既避免多头管理，又消除无人管理，才能建设成管理有序、服务完善、文明祥和的和谐社区。

第 2 篇

物业经营管理

创新经营　转型升级　提质创效

李预兵

30多年来，物业管理行业与国家、社会同呼吸，共命运，走过了一段从无到有、从小到大、从弱到强的光辉历程，成为居民生活、城市管理、国民经济发展、和谐社会建设的重要组成部分，行业的地位和作用已经日益受到国家和各级政府的高度重视；但是，行业仍处于劳动密集型阶段，面临从业人员素质不高、技术含量低、粗放、微利、亏损、生存艰难的困境。面对新的形势、新的需求和新的机遇，物业管理行业只有创新经营观念，转变服务模式，调整优化产业结构，提升服务品质和服务价值，增加创富能力，摆脱生存危机，才能使物业服务迈上一个新的台阶，从而实现行业可持续发展。

一、创新经营观念，多元化经营，实现产业结构调整

物业服务企业应突破传统物业服务的束缚，创新经营观念，有效整合资源，增加服务内容和资产经营，开展多元化的服务项目，延伸服务领域，构建新的价值产业链。

首先，将物业管理服务“纵向延伸到房地产业的整个链条”。如开展为开发商提供开发项目可行性研究、规划设计、物业使用功能选择、景观设计、设备选型、代理房屋销售等服务；开展为开发商和业主提供写字楼、商业物业的策划代理、招商代理、运营代理等前后期服务和资产经营；实现物业服务的增值。

其次，将物业服务“横向涵盖消费者个性需求”。物业服务企业可利用自身资源平台优势，为业主提供如房屋租赁、家政、健康、室内装饰设计、维修、票务、鲜花礼品、订餐等个性化的特约服务，提高服务的附加值。

最后，根据企业自身地利、专业、技术优势成立园林绿化、电梯维保、楼宇智能化、保洁、中介等服务公司，开展园林苗圃、园林绿化、电梯和中央空调安装调试及维护保养、楼宇智能化研发及安装调试和维修保养、清洁、外墙清洗、房屋销售、中介、咨询、物业顾问等服务，既满足了业主和客户不断增长的需求，又增加了企业收入。

二、创新服务，不断满足客户新的需求，实现服务“升值”

随着社会的发展和客户增加新的需求，以较高服务标准为政府机关、学校、企业、部队、银行、场馆、机场、医院等大型社会机构提供内部的管理、客服接待、会议、餐饮、安保、清洁绿化、植物租摆以及设施设备的运行、维护保养等延伸服务，既拓展了服务的范围，又提高了服务的价值，实现了服务“升值”。

三、积极开展节能减排工作，通过节能助推产业升级

物业服务企业利用资源优势，通过技术改造、加强管理、挖掘潜力、降低能源消耗，从而达到既为节能减排事业出力，又为企业节约了能源，减少了运营成本，提升了企业效益。

四、创新企业经营管理模式，提升物业服务的价值

物业服务企业只有不断创新，从根本上改变传统的物业企业经营管理模式，提高从业人员的整体素质，提升行业科技含量和服务标准，不断满足业主和客户越来越高的服务需要，提高物业服务水平和服务品质，打造物业服务品牌，从而提升物业服务的价值，实现从传统的粗放型、劳动密集型向管理、技术密集型和集约型现代服务的转型，实现物业服务和效益的再提升、再突破、再发展、再增长。

试论物业管理交接难

石承勇

随着我国物业管理招投标制度的逐步推进，物业管理交接纠纷频发正成为社会关注的焦点。被辞退的物业服务企业与新选聘的物业服务企业、原物业服务企业与业主委员会之间就物业管理交接事项频繁发生纠纷，不仅影响物业区域内全体业主的正常生活秩序，也对物业服务企业的企业形象产生了很大的负面效应，并在一定程度上阻碍着我国物业管理行业的持续、快速、健康发展。本文将从法律层面对物业管理交接纠纷产生的原因和性质进行分析，并在此基础上提出解决物业管理交接纠纷的方法和规范物业管理交接程序的建议。

一、物业管理交接纠纷频发的原因

物业管理交接纠纷频频发生的原因有很多，如物业服务企业的观念不适应物业管理市场化要求、物业管理招投标的程序不完善、物业服务企业和业主委员会在沟通方面存在误解、规范物业管理交接的法律法规不健全等。从法律层面上分析，产生物业管理交接纠纷的原因可分为以下两类：

①业主大会以物业服务企业提供的服务不到位为由提前解除物业服务合同，而物业服务企业以种种理由不同意解除合同，也不办理交接，由此导致纠纷。我国有关由业主大会公开选聘物业服务企业负责对本物业区域进行管理的制度刚刚建立，目前大多数的物业区域都由开发商确定的物业服务企业负责管理，业主只能被动接受，很多物业服务企业的竞争意识、危机意识不强，服务不到位，也不主动与业主进行沟通，双方缺乏良性互动。

在《物业管理条例》明确赋予业主大会公开选聘、解聘物业服务企业的权利后，很多小区的业主大会积极行使这一权利，以服务不到位为由解聘原物业服务企业。目前产生的物业管理交接纠纷大部分属于这一类，如2013年9月，九龙坡区某小区业主大会就因前期物业服务企业违规出售规划用于物管用房200余m^2，公共收益不公示及其他服务严重不达标，业主委员会书面要求物管公司进行整改，后期物业服务企业未能在承诺期内进行改正。业主大会通过书面征询全体业主意见，最终经过半业主以上同意重新选聘物业服务企业。实施过程中，新的物业企业要进驻，但是前期物业服务企业不配合交接，甚至将小区物业服务一并转让给第三方物业管理单位，导致小区出现很长一段时间的管理“真空期”。

②物业服务合同期限届满或者前期物业管理结束，业主大会选聘新的物业服务企业进驻管理，而原物业服务企业不甘退出，继续占据小区，拒绝与新物业服务企业进行交接，因而产生纠纷。

二、物业管理交接纠纷的法律性质

根据《物业管理条例》的规定，移交物业管理用房和资料是物业服务企业在物业服务合同终止后必须承担的责任，即《合同法》所规定的“附随合同义务”（见《合同法》第九十二条），因此，物业管理交接纠纷属于合同一方不履行“附随合同义务”而产生的合同纠纷。物业管理交接纠纷在形式上表现为物业服务企业不移交物业管理用房、资料，但本质上是物业服务企业不移交物业管理权。具体可分为以下两种情况：

①建设单位与前期物业服务企业、业主委员会与所聘物业服务企业之间签订有物业服务合同，并且明确约定了合同期限。我国《物业管理条例》第二十六条规定：“前期物业服务合同可以约定期限；但是，期限未满、业主委员会与物业服务企业签订的物业服务合同生效的，前期物业服务合同终止。”第三十五条第二款规定：“物业服务合同应当对物业管理事项，合同期限、违约责任等内容进行约定。”由此可以看出，业主委员会与物业服务企业签订的物业管理合同必须明确约定服务期限，前期物业服务合同虽然可以约定期限也可以不约定期限，但是实际上《物业管理条例》已经明确规定了其最长有效日期为业主委员会与物业服务企业签订的物业服务合同生效之日止。

②对于这类有明确期限的合同，我国《合同法》规定当事人双方都不得随意解除合同，以保证合同的法律效力。但是为了适应随时可能发生变化的实际情况，保护当事人的利益，《合同法》规定如果出现以下情况，当事人可以单方面解除合同：

a.因不可抗力致使不能实现合同目的；

b.在履行期限届满之前，当事人一方明确表示或者以自己的行为表明不履行主要债务的；

c.当事人一方迟延履行主要债务，经催告后在合理期限内仍未履行；

d.当事人一方迟延履行债务或者有其他违约行为致使不能实现合同目的；

e.法律规定的其他情形。

业主与物业服务企业签订物业服务合同的目的是为了享受方便、及时享受与物业管理费相当的物业服务，如果物业服务企业没有严格按照合同履行自己的义务，提供相应的服务，致使业主不能实现其合同目的，或者出现其他可以解除合同的法定情形，则业主委员会可以根据《合同法》的以上规定提前解除合同。《合同法》第九十七条规定："合同解除后，尚未履行的，中止履行；已经履行的，根据履行情况和合同性质，当事人可以要求恢复原状、采取其他补救措施，并有权要求赔偿损失。"根据物业服务合同的性质，物业服务企业提供的是一种服务，不可能恢复原状，但是如果物业服务企业未经业主大会同意就擅自改变小区内公共设施设备或者有违章搭建情况的，则物业服务企业应当恢复原状。这种行为给业主造成损失的，物业服务企业还应当承担赔偿责任。

《物业管理条例》第三十九条规定："物业服务合同终止时，物业服务企业应当将物业管理用房和本条例第二十九条第一款规定的资料交还给业主委员会。物业服务合同终止时，业主大会选聘了新的物业服务企业的，物业服务企业之间应当作好交接工作。"因此，按照法律法规的规定和物业服务合同的约定做好物业管理交接工作是物业服务企业必须承担的"附随合同义务"。物业服务合同期限届满或被解除，业主大会选聘了新的物业服务企业负责小区的物业管理，原物业服务企业拒不进行交接而产生纠纷的，原物业服务企业需要承担违约责任，不依法进行交接的行为给业主或新物业服务企业造成损失的，还应当承担赔偿责任。另一方面，如果有业主拖欠物业管理费或者由物业服务企业代收代缴水电费的，物业服务企业也有权要求欠费的业主清偿其所欠费用。

合同没有明确约定服务期限，或者双方没有签订物业服务合同。由于我国推行物业管理公开招投标的时间不长，当前还有大量的物业区域由开发商确定的物业服务企业负责管理，业主委员会与物业服务企业签订的物业服务合同往往比较简单，有的甚至根本就没有合同。对于没有约定服务期限的情况，我国《物业管理条例》没有作出相应规定，但是我国《合同法》第六十一条规定："合同生效后，当事人就质量等内容没有约定或者约定不明确的，可以补充协议；不能达成补充协议的，按照合同有关条款或者交易习惯确定。"第六十二条进一步规定："当事人就有关合同内容约定不明确，依照本法第六十一条的规定仍不能确定的，使用下列规定：履行期限不明确的，债务人可以随时履行，债权人也可以随时要求履行，但应当给对方必要的准备时间。"所以，如果业主委员会与物业服务企业签订的物业服务合同没有约定服务期限,而业主大会选聘了新的物业服务企业入驻管理,或者物业服务企业主动要求撤离的话,法律是允许的。但是首先应当争取通过友好协商的方式达成有关协议,解决好物业管理用房、资料移交的问题,只有在无法达成协议的情况下,才能通过单方面的行为解除合同,并给对方必要的准备时间办理物业管理交接手续。否则,给对方造成损失的,责任方需要承担赔偿责任。

对于没有签订物业服务合同的情况,由于双方在事实上形成了一种合同关系,根据我国司法实践,任何一方都可以随时终止这种事实上的合同关系,但是应当及时通知对方,并给对方必要的准备时间。因此,如果业主委员会聘请了新的物业服务企业,或者物业服务企业主动要求撤离的,应当及时通知对方并给对方必要的准备时间,双方本着公平、诚实信用的原则对所形成的债权债务进行清算,办理物业管理交接手续。

三、解决物业管理交接纠纷的途径

根据我国有关法律、法规的规定,对于物业管理交接纠纷,可以采取以下五种方式进行解决:

(1)当事人双方协商解决

由被解聘的物业服务企业和业主委员会(可能还包括新聘的物业服务企业)双方在自愿、平等、互谅互让的基础上就物业管理交接有关事项,如拖欠物管费的支付、物管公司代收代缴水电费的结算、物管公司对小区公共建设额外投入的回收等进行协商,以解决双方之间的争议。由于这种协商解决的方式体现了当事人意思自治的原则,有利于化解纠纷、平息争议,最大限度地避免双方的经济损失,维护双方的社会声誉,避免给小区全体业主的正常生活秩序造成影响。因此,这种方式对于双方来说都是最有利的,一旦发生物业管理交接纠纷,双方应尽量通过协商的方式妥善解决。

(2)由物业管理协会、居委会或者其他第三方调解解决

随着物业管理协会组织建设的不断完善,其在物业管理行业中的地位和作用也在不断加强,物业管理交接纠纷发生后,当事人可以在自愿的基础上请求物业管理协会进行调解,双方在物业管理协会代表的主持下解决各项争议并形成书面协议。此外,发生纠纷后,当事人也可以请求居委会或者其他中立第三方进行调解。

(3)申请有关政府主管部门处理

《物业管理条例》第五条第二款规定:“县级以上地方人民政府房地产行政主管部门负责本行政区域内物业管理活动的监督管理工作”,同时《物业管理条例》第五十九条规定:“违反本条例的规定,不移交有关资料的,由县级以上地方人民政府房地产主管部门责令限期改正;逾期仍不移交有关资料的,对建设单位、物业服务企业予以通报,处1万元以上10万元以下的罚款。”因此,发生物业管理交接纠纷后,如果双方无法通过协商或调解达成一致意见,当事人应当及时报告当地房地产行政主管部门,由其进行立案查处。如果在交接过程中发生治安甚至刑事案件的,还应及时向当地公安机关报告,由公安机关对其中的治安或刑事案件依法进行处理。

(4)提交仲裁委员会裁决

如果当事人双方在物业服务合同中明确约定发生争议提交仲裁委员会仲裁解决,或者在发生纠纷后双方达成仲裁协议的,任何一方当事人都可以将争议事项提交约定的仲裁委员会,由仲裁委员会作出具有法律约束力的裁决。由于仲裁委员会处于严格的中立地位,其作出的裁决具有很强的社会公信力,并且仲裁是当事人自愿作出的选择,有利于消除当事人之间的矛盾。但是我国实行“或裁或审”的原则,当事人一旦选择通过仲裁方式解决纠纷,就不得再向法院提起诉讼(符合法定条件的除外),因此,在选择仲裁之前,双方当事人都应作充分考虑。

(5)向人民法院提起诉讼

虽然我国目前还没有明确规定业主大会、业主委员会的法律地位,但是在司法实践中,为了维护业主的合法权益,各地基本上确认了业主委员会的诉讼主体地位。当无法通过上述四种方式解决争议时,业主委员会可以就物业管理交接纠纷向法院起诉物业服务企业,由法院依法作出判决。相应的,物业服务企业也可以起诉业主委员会。

四、规范物业管理交接的立法建议

为了规范物业管理交接程序,减少物业管理交接纠纷的发生,必须尽快制定、完善相关立法,明确规定物业管理交接的程序和法律责任。

①在《物业管理条例》中明确规定物业管理交接期限,如规定原物业服务企业必须在物业服务合同终止后15日(或30日)内移交物业管理用房和资料,并撤离原物业区域。

②在《物业管理条例》中进一步完善有关法律责任的规定，加重对物业服务企业不依法移交物业管理用房、资料行为的处罚，如规定对不按规定移交物业管理用房、资料的物业服务企业，可以给予降低资质、吊销资质证书或营业执照等处罚。

③在《物业管理条例》中对物业服务合同终止时的有关事项如业主欠缴的物管费如何支付、物业服务企业代收代缴的水电费如何清算等问题作出明确规定。

物业服务企业人才流失的原因

李兴全

物业服务企业人才流失的原因主要有社会因素、组织因素和个人因素。社会因素，主要是指人才流动观念的更新和受功利价值观的影响。组织因素，是指企业因自身存在不足而导致人才流失。个人因素，主要是指跟个人要求有关的因素，如个人的收入、自我价值实现、住房、家庭、社会保障、工作条件、人际关系等。社会因素与组织因素作用于个人因素，对人才的流失行为起主导作用。从具体的个例看，往往是几个因素综合起作用。

一、员工缺乏必要的发展空间和成长机会

目前，成长机会、发展机会已逐步成为许多优秀人才选择企业的首要条件，而就我国物业服务企业总体来看，企业为员工提供的成长机会和发展空间还十分有限。主要表现在：一方面，企业自身发展的前景不明确。由于我国许多物业服务企业在经营策略以及经营手段上短期行为和投机心理严重，根本就没有长远发展战略目标，使得企业发展前景不明确。而作为企业的员工，人才的发展前景往往与企业发展前景紧密联系，融为一体。因此，一些追求自我实现的企业员工就必然选择离开。另一方面，企业为员工提供的成长空间有限。这首先表现在家族型企业组织结构中的权力顶端是封闭的，家庭成员对最高权力的垄断阻碍了高素质的人才走向最高决策层的通路，限制了非家族成员的发展空间。其次，企业为员工提供的培训机会十分有限，有统计资料表明，在培训机会少的情况下，44%的员工会在1年之内更换工作。

二、不注重人才运用

在人员的管理储备上，由于没有建立科学的选人、用人、育人机制，员工所学非所用，造成专业人才的浪费；企业内部缺乏系统的专业学习培训，员工整体素质难提升。不合理的用人机制，很难为优秀人才提供施展才华的有效空间和良好环境，

致使不少高级管理人才离心离德再离人。

如旅游企业招聘人才时对学历和能力都有一定的标准，而在运用人才时却无视人才的学历，反而更加重视学历低但能力强的一些人，使得大部分人感受到失去了自我价值，感受不到自己的重要性。人力资源的价值不能得到很好的体现，在人才使用上，讲究论资排辈，不能做到人尽其才、才尽其用，没有给人才提供足够的用武之地和广阔的发展空间。

（一）缺乏有效的绩效考核机制

绩效考核是员工判断自身价值的基本依据。尽管这几年大多数企业在改革员工薪酬制度方面作了一些积极有益的探索，但步子不大，效果和影响也十分有限。物业服务企业薪酬待遇偏低、平均主义严重，主要管理和技术岗位的薪酬与劳动力价值偏离较大，不能充分调动员工的生产积极性与创造性。

物业服务企业的绩效考核机制缺乏合理性，主要表现在：绩效评价中目的不清、原则不明、方法不当，考核和评估标准较单一，不能根据不同的部门制定不同的业绩考核体系，不能将企业的人才分类（如稀缺人才、特殊的无法代替的人才等），不能对不同类型的人才采用不同的考核及奖惩办法等。这种考核制度严重挫伤了劳动者的积极性、主动性和创造性，使人才难以充分发挥作用，导致了人力资源的浪费甚至人才的流失。

再者就是决策者不遵守绩效诺言，不讲信用。为了激励员工的工作积极性，员工刚进入企业时或每年年初时，企业都会向员工承诺，一旦完成多少业绩或取得多少利润，除正常的提供外，企业还会提供额外的奖励。员工为了得到企业给予的奖励，加倍努力工作，经过拼搏，果真岁末完成了要拿额外奖金所需的业绩量，这时企业决策者应兑现承诺，然而老总却支支吾吾，会找出许多客观的理由来打发员工，甚至有的老总此时却不再提自己许诺奖金的事。还有的找一些原因来克扣员工工作的积极性，以后要么不再用心工作，要么辞职。这是决策者伤了员工的心，导致员工离开了自己的企业。

（二）企业的文化氛围不浓厚

企业的文化氛围不浓厚表现在：企业文化建设与人力资源建设相脱节，以至于员工与企业没有共同的价值取向和奋斗目标，企业对员工缺乏感召力与吸引力，员工对企业缺乏依恋感与忠诚度，一旦员工感到自身价值得不到有效发挥时，离开企业、另谋高就也就成了员工理所当然的选择。

有些物业服务企业不注重企业文化的建设，员工缺乏共同的价值观念，对企业的认同感不同，容易造成个人价值观念与企业的理念错位，这也是物业服务企业难以吸引与留住人才的一个重要原因。

针对以上原因，笔者对物业服务企业留住人才提出如下建议：

虽然物业服务企业在吸引人才方面的困扰较多，而且有些是企业不能避免的。但与大企业相比，物业服务企业具有体制灵活、对环境反应灵敏、发展潜力大等优点，并且人才在企业的发展机会较多，容易发挥个人的特长，体现自己的能力。也就是说，在吸引人才方面也具有自己的优势。所以，物业服务企业应扬长避短，建立一个有效地吸引人才的机制。

(1)为员工提供一个发展的空间和成长的平台

提供较大的发展空间，给员工以希望，给员工以动力。没有希望，看不到前景的企业，是无论如何也激不起员工的工作热情的，这样的企业也不可能让员工安心工作。要给员工提供较大的发展空间和提升平台，可以从以下几个方面着手：

完善的竞争机制，鼓励员工通过正当竞争上岗。在很多企业，一旦出现岗位空缺，他们首先想到的是先从外部招聘人员，而不考虑从内部提拔；也有的企业，即使想到了先从内部提拔，但由于没有完善的内部竞聘机制，或者是因为太熟悉内部员工，看到的总是员工的各种不足而看不到员工的诸多优点，到最终，还是会考虑从外部招聘，在他们眼里，总是“外来的和尚好念经”。事实上，这对员工的打击相当大，当员工觉得公司缺少发展空间的同时，也就缺少了向上的动力，这样既不利于激励员工，也不能很好地在团队里营造竞争氛围。

对在本岗位已经有不俗表现、能力已超越本岗位要求的员工，但暂时又还没有更高一层级的岗位空缺时，不妨对员工辅以平级轮岗，用新的岗位、新的工作、新的挑战，激起员工的工作热情，同时，也让员工学到更多的知识和技能，有效提升员工的综合素质，为该员工能胜任更高层次的工作岗位夯实基础。

为员工提供足够多的培训机会。海尔的张瑞敏曾对他的管理人员这样说过：员工刚进入公司素质不高，不是你们的错，但一段时间后，员工的素质还是不高，就肯定是你们的错。可见，对员工的培训是多么的重要。只要善于开动脑筋，你就会发觉，培训可以无处不在，可以随时随地，如现在流行的一分钟培训。

(2)加强企业内部沟通

企业首先应该对人才流失这一现象要加以关注，客观面对人才流失现象。同时建立多种互通交流的渠道，加强企业内部的沟通。

一个组织要想充满生机活力，实现高速运转，有赖于下情上知，上意下达；有赖于部门之间互通信息、协同作战。良好的沟通能让组织的成员感觉到组织对自己的尊重和信任,从而产生极大的责任感、认同感和归属感,从而具有强烈的责任心和奉献精神。就像心理学家戴维斯(Keith Davis)所认为的,沟通对于组织的重要性,如同血液循环对于人体。

一个公司的发展很多时候取决于管理者的决策,然而管理者的决策来自于信息,信息来自于沟通。因此,笔者认为,管理者所做的每件事中都包含了沟通,要更好地增进公司内部职工、公司职工与管理者之间的沟通,就必须搭建好一座沟通的桥梁,让公司职工清楚地了解到公司的决策,使员工清楚地看到公司的美好未来,规划自己的目标,摆正自己的位置。也让公司管理者清晰地了解公司的信息,从而做出最高效益的决策。周而复始地,从信息到决策,需要沟通,从决策的使用效率到管理者再次作出改进,还是需要沟通。

公司的内部沟通还不只于管理者与下属员工之间,还包括与员工与员工之间。公司应该多加强下属员工之间的交流,员工与管理者之间或许有不能道之心声,然而员工与员工之间的交流产生的信息也会通过匿名谈心传达到管理者并用到了决策中。因此,管理者可以适时地为员工提供相互沟通的机会,如员工(无管理者、全体员工)的茶座会,员工(同前)的短途长途旅行等集体性活动,这样可以增进与员工的感情,也能增进员工对企业的感情,增强企业组织的凝聚力。管理者也能更多地获得有效的信息。

(3)实施有竞争力的薪酬水平

首先,调查清楚同行薪酬水平。只有这样,企业才可能制订出具有竞争力的薪酬水平。另外,对于不同行业有共性的岗位,还得清楚社会岗位水平。因为这些大众化的岗位本身并不受多少行业限制,如果企业给出的岗位薪酬水平过低,即使在行业中有一定的竞争力,也不会对该岗位员工有足够大的吸引力。

对骨干员工或重要岗位员工,要舍得付高薪。即使高出其他岗位较多也无所谓,要拉大岗位水平差距,只有这样,才能吸引住核心员工。一般来说,普通员工流失,随时可以信手“拈来”;但重要的、核心的员工一旦流失,对企业将会产生不可估量的损失。

奖惩分明、重奖重罚。对企业有重大贡献的员工,不妨对之实行重奖。这样做的好处是:一方面可以提高员工的收入水平(员工也会计算收入);另一方面,对员工也可产生有效的激励作用,因为员工知道,只要有付出、有贡献,就一定会有好的回报,于是,在以后的工作中,将会更加卖力。

(4)加强企业文化建设,提高员工对企业的忠诚度

①一种优秀的企业文化,不是一天两天就能建立起来的,它需要集众家之所长,日积月累,再从中提炼,独树一帜,这样营建的企业文化才是经得起考验的,也才是最有价值的。但是,员工却很难看到这些。他们也不会去管你是怎样营造企业文化的,他们只要求在一个和谐、轻松、公正、公平、进取、团结的团队里工作,他就开心,就精神舒畅。所以,管理者应该极力营造这样的文化氛围,有了这样的氛围,团队才会有凝聚力,有凝聚力的团队,自然就有生命力。

一个企业有了积极向上的文化追求,就会重视科学,尊重人才,吸引客户,创出名牌。企业文化,不仅仅是一种准绳、一种信念、一种象征,更是一种凝聚力。

企业文化的主要作用有:凝聚作用,企业文化像一根纽带把职工和企业的追求紧紧联系在一起,使每名职工产生归属感和荣誉感;激励作用,企业文化注重研究的是人的因素,强调尊重每一个人,相信每一个人,凡事都以职工的共同价值观念为尺度,能最大限度地激发职工的积极性和创造性;协调作用,企业文化的形成使企业职工有了共同的价值观念,对很多问题的认识趋于一致,增强了他们之间相互的信任、交流、沟通,使企业的各项活动更加协调;约束作用,企业文化对职工行为具有无形的约束力,经过潜移默化形成一种群体规范和行为准则,实现外部约束和自我约束的统一。所以,优秀的企业文化能够向社会大众展示着企业成功的管理风格、良好的经营状况和高尚的精神风貌,从而为企业留住、吸引更多的人才,成为企业不可估量的无形资产。

②培养相互忠诚。把给员工广阔的空间发挥他们的才干、大显身手当作是一种"义务"。让员工在工作中感到自由,让他们放开手脚自主地完成工作任务,发挥出自身潜能,员工才会有成就感,这样才可能会在企业工作更久。同时可以从员工深层志趣出发让他们忠诚得自觉自愿。

对于越来越多的服务型的组织和岗位,深层志趣的理念将成为影响工作设计的关键要素之一。作为以人为本管理理念的推进,基于深层志趣的工作再设计在公司战略和流程的框架下,将关注的重点放到了人的深层需求上,这样才能保证人才的稳定,真正地更有效地培养员工的忠诚度。

发现了深层志趣,并不等于要抛弃传统提高员工忠诚度的种种措施,相反,深层志趣的作用空间必须建立在保健因素和激励因素的基础之上。立足满意感,再根据志趣类型进行职业和工作再设计,才能激发员工工作热情,让员工享受工作,才能形成企业满意和员工职业满意的合一。对于公司想极力挽留的关键员工,进

行恰当的工作再设计,就往往能在一定程度上实现公司战略、流程与关键员工深层志趣间的平衡。

三、结论

人才的离职是多种因素造成的,有内部因素,也有外部大环境的因素。对大环境的因素,作为一个企业不能把控,但内部因素,企业可以完全把控,关键是企业怎样苦练内功,完善各项管理。管理方面,应充分体现以人为本的管理理念,关心人、尊重人,做到因人施法,从而有针对性地予以解决。在事业留人、待遇留人、感情留人方面拿出切实可行的措施,并积极地去实施,这样才能使员工发挥最佳的工作状态,使企业在激烈的竞争中立于不败之地。处理好了这些问题不仅使我国人力资源管理体制更完善,更为我国物业服务企业起飞奠定坚实基础。

漫谈物业经营

黄　斌

听过一个故事，有一片竹林，砍伐之后准备改种其他作物，主人便请人将原地竹根清除，工钱按清除的竹根总重结算，竹根则自行处理。于是，十数人前往。其间大多数人觉得这差事钱少、事多、环境差，整天抱怨；也有往竹根中注水以增加其重量等不诚实行为发生。绝大多数人想的都是要求增加工钱，只有两三个人淡然，一个人不屑。后两者甚至想多包点地来挖，还准备收购那些叫苦人的竹根。仔细了解，原来多数人是将竹根用来当柴火；那两三个人却是取下上面的一截竹筒做成牙签和枝杈另外出售；而那位不屑的人是将竹根做成工艺品在旅游地出售。听后感触颇多，它不正是目前物业管行业经营现状的真实写照么？

出现上述现象的原因与我们对物业管理的理解有关。物业管理是一个舶来词，它的真实意义是资产运营、资产管理。教科书上也有“让物业达到保值、增值”目的的定义。即是说，必须达到这个目标才是真正在实施物业管理。因此，笔者所理解的物业管理有以下几层含义：

①做好、做精已达成共识的各项服务工作，提升物业无形资产的价值，再在经营中与房地产商共享这种无形资产带来的收益；向业主宣传缴纳的物业费，除了消费功能（购买了物业服务），还有投资功能，并通过租金、二手房出售增值带来收益。因此，行业应科学制定物业收费标准与服务标准体系，提供菜单式服务，让业主选择适合自己的服务与价格等级。其中，有关于安全与设施设备养护的基本标准是硬性的、是必选的。当然，这是最初级的服务，给业主各方面的影响是有限的。

②针对拥有数量众多的终端客户（业主）开展各类有偿服务，既能提高业主生活品质，给业主生活带来方便、舒适，又能增加物业服务者收益，双方共赢。这样物业不必非增加业主负担提高物管费也能做好服务。若能减少中间环节，降低成本，让利经营，给业主带来实惠那就更多。我们可以算个账：若以 100 m^2 为一户算，收物业管理费一般以 120 元/（户・月）、每户按 3.5 口人计，这类服务（含食品代购）

每户月消费估算 2 000 元,取 8%的利润都有 160 元/(户·月),远远超过物业费的收入,而且成本还低于物业管理的成本。当然,这取决于怎么经营,能占多少市场份额了。

③资产经营,即经营物业区域内各种公共资源的及收取业主委托经营的佣金。这个成本低(可以一套班子多用),收益大。目前有一小区代开发商租赁其自有物业,按租金比例提成,定价部分收 3%,溢价部分收 6%。该小区住宅物管费才收 0.6 元/(m^2·月),不足 20 000 m^2 的小区物业管理费总额不足 1.8 万元,6 000 m^2商业租赁均价 65 元/(m^2·月),溢价平均 25 元/(m^2·月),每 m^2 佣金2.7 元/(m^2·月),加上商用其他收入,总收入近 1.8 万元。一个不起眼的小区的有偿与特约服务、公共资源经营、车库承包经营等获利竟比物管费高 150%①。不做这些,仅靠物业费,保本都难。

④资源运营,马云在经营什么、腾讯公司在经营什么?经营资源。物业管理公司的资源是什么?入住的业主。业主的各类需求都是物业管理公司的商机,不要指望业务主管部门能理解,也别幻想街道居委会相关人士能懂,不可能的。作为开发商,他站的角度不同,不可能去“深耕”各个小区的资源。他指派的物业决策人绝对只能站在开发一盘棋上思考问题。不管他是不是外行领内行,就是内行,也必须跟着那盘棋走。这时,作为开发商下属的物业行业的职业经理人只有按决策者那一条路走下去(实际上许多职业经理人也没有这种“深耕”的战略与商业眼光。否则,他自己“深耕”一个 5 万~8 万 m^2 的小区的收益远胜管理三五百万 m^2 的公司高,而且非常轻松),致使物业行业因为种种原因的影响,无法也不能走向上“深耕”资源经营、给业主带来巨大的效益(实现其保值增值)的方向。还必须向业主索利(单方涨价)、争利(开发商应缴的物业管理费不到位)才能生存,必然导致地位低、待遇低。

我司现管理着 200 多万 m^2 房屋,平均物业管理费约 0.5 元/(m^2·月),年物业费收入约 1 500 万元。我司 2013 年某个项目与市场标价比,让利给业主 150 万元以上,加上资产经营、特约服务给业主带来的实惠,超 500 万元,相当于业主们享受的服务不变,我司服务降价 0.20 元/(m^2·月)。业主得实惠后,就会支持你。十几年来我司收费率保持在 99.5%以上,而且近三年来到期的小区 100%提价都成功,最低提了 30%,最高达 60%。而且都得到了业主支持,提价后的收费率仍保持高水

---

① 有偿与特约服务、公共资源经营、车库承包经营等利润的计算方法为$\frac{总收入-成本}{成本}$。

平。市场认可已是经营成功不争的事实。

⑤物业管理是一个平台,这个平台上还有许多隐性资源,使物业公司展开其他经营成为可能。我司有三个子公司的经营均利用了这种资源实现盈利。三个子公司每个的利润已远超主业及主业深耕的收益若干倍。所以物业人,若行业能健康正常发展,你还会抱着金饭碗讨饭吃吗?

以上观念的核心点是,行业要独立,不能附属其他行业,要打破垄断,充分利用拥有众多终端客户的优势,跨界创新服务。此仅肤浅之言,祈盼批评。

浅析物业行业

黄 斌

随着改革开放发展与房地产行业的市场化,物业管理应运而生,现已走过三十几个春秋。业界谈起这个行业,无不感慨万分,社会议论这个行业也是诟病重重。归纳起来,对此行业的现状是:政府不满意,行业自己不满意,开发商不满意,业主不满意。

政府的不满意表现在:按政府或政府官员认为该物业行业完成的事,许多企业完成不了,最终只能归咎于物业从业人员整体素质不高。

行业的不满意表现在:权力小,责任大;工作量大,待遇低;行业竞争压力大,利润空间小;承担许多不应承担的矛盾。

开发商的不满意表现在:自己下属物业需要长期投资,经济回报不明显或没有,甚至有“亏损”;许多与业主的纠纷影响开发商的形象;解决不了开发、建设的“遗留问题”。

业主的不满意表现在:认为物管公司服务人员工作不到位;服务差强人意;工作态度不好;掩盖开发与建设的遗留问题使业主利益受到损害;业主的许多诉求得不到解决;等等。

究竟怎么回事?是不是应该从以下三个方面来进行思考:

①物业行业是独立的行业还是某一个行业的附属品?

②物业行业的真正任务是什么?

③市场垄断性保护能引导行业健康成长吗?

笔者认为,厘清以上三个问题对物业管理行业的成长才有利。

首先,从政府部门的疑惑来说。为什么许多企业完成不了他们交代的工作?原因有二:一是对于政府部门指派的、认为应当由物业公司来承担的工作,是因为物业公司一无权二无钱,确实做不了。比如,消防、老、旧、损,过不了使用大修费的法定程序,维修不好,消防部门只好罚物业企业。二是物业作为业主委托的乙方,许多工作确实无法做。比如,侵占消防通道,物业无法执法,又不便强制他人不占,多尴尬。物业的现状已导致从业人员的待遇处在社会最底层,吸引不了优秀人才入行,所以从业人员素质普遍不高。我们的许多立法,均有闭门造车之嫌。让物业企业难以完成“法定”任务。比如,电梯,物业作为第一责任人,那不是要物业企业自己有电梯维护保养资格来保证吗?窃以为:物业只要请了资质匹配对的电梯维保企业,按《合同》或规范执行了对其的监督,就应该免责。质检把力气花在对电梯维保企业的资质审检与监管上可能效果更好些。

至于有的政府主管部门把物业行业定位为事实上是开发行业的附庸这一点,值得商榷。

其次,关于行业不满意:其实我们处在产业末端,倒置追责,应该很好过。但是,绝大多数只是附属企业,无话语权,只有代人受过。行业门槛低导致劣性竞争。开发商前期物业垄断性招标(几乎由开发商下属企业或指定企业中标已是公开的秘密),也是行业裹步不前的根源,行业承受恶名的源头。

开发商始终是商人,全力逐利很正常,但应付的成本付了吗?如尚未出售的、由开发商拥有产权的物业的物管费开发商缴纳了吗?这些都是严重侵占了其他业主权益的事。还有的以其垄断经营思维向业主争利,单方加价,计算收入大叫亏损。对在开发、建设、营销环节大量遗留问题与侵占行为不查改纠正,却让物业企业掩、拖、推,以实现利润最大化,激化了物业与业主的矛盾。

最后,至于业主不满意确有我们工作不到位,开发企业遗留的问题我们又处理不了的情况;同时也有业主对物业认识欠全面的原因:

①我的物业想怎样就怎么样,你物业公司管不了。

②我交了物业费,什么事你都要管。

③不论我交费标准是什么,各种事你必须按我的标准做或按某个标准做。

④无论谁的问题(开发、建设、营销),我只找你。还不排除有的业主委员会成员为私利搞权力寻租。

以上分析难免管中窥豹,有失全面。笔者认为解决它们可以用以下几种方法:

①彻底取消商品房预售,一切项目现房出售,立法对掩饰缺陷的销售商品行为予以重处。

②打破垄断,业委会牵头、业主大会选聘物业企业按市场规律办事,选聘结果由业主大会决定。而前期物业招投标,同一开发商或同一开发股东的产品,不能三次委托同一个物业企业或有同一股东的物业企业。

③提高物业企业入行门槛,行业自律,限制一个省级区域物业企业数量,对受托物业的固定资产进行评估,与物业注册资本金挂钩,防止恶性竞争。

④提高物业行业自主性,摆脱做另一个行业附庸的地位(房地产市场化的前十年该例外)。使其独立运行,健康成长。

⑤认真定位物业行业,与时俱进。

涪陵物管市场的几个常见难题解析

张 峪

随着我国住房制度改革和住房商品化的发展，物业管理行业进入了一个迅速蓬勃发展的时期。物业管理行业的发展，对于改善居民的生活、工作环境，提高城市管理水平，扩大就业等方面都发挥了积极的作用。为了规范物业管理活动，维护业主和物业服务企业的合法权益，改善人民群众的生活和工作环境，国务院于2003年5月颁布了《物业管理条例》，对物业服务企业及业主大会、前期物业管理、物业管理服务、物业的使用与维护及法律责任作出了明确、具体的规定。这里，针对目前涪陵物业管理活动中普遍存在的几个主要难题，谈谈自己的看法。

一、物业管理费收取难的现象得到有效的遏制

随着我国住房制度的改革，居民住房逐渐从福利分房转向个人购房，居住小区实施物业管理，相当部分居民因为经济收入低，承受能力差，长期受“分房修房靠单位”观念的影响，没有形成物业管理消费的观念和习惯，既希望享受服务，又不愿意交纳相应的管理费，造成物业管理收费难的现象。

另外，一些开发商在开发商品房的项目规划、预售、销售阶段，通过宣传承诺一定的物业项目和服务，使业主产生了买房子的同时也是买物业，人为地把物业服务的范围放大了。随着楼盘的竣工，业主的入住，房屋在规划、设计、施工阶段遗留下来的许多问题逐渐暴露出来，这时开发商已人去楼空，业主自然就找小区的物业服务企业，因问题得不到解决而拒交管理费。如房屋质量、承诺不兑现，中途更改小区规划，面积纠纷，车位租价上涨等，不少业主的应对办法就是拒交或拖欠物业管理费。

为此，涪陵近50家物业公司只能在微利经营下苦苦支撑着，也只能维持基本的保安和清洁服务，严重影响了物业管理行业的发展和企业的生存，常常使一些物业服务企业陷入举步维艰、濒临倒闭的困境。

在实际工作中，笔者所在的海源物业坚信，服务不在于轰轰烈烈，而在于点点

滴滴，力求通过细节服务来创造物业管理的完美价值。《物业管理条例》出台后明确规定，凡违反物业服务合同约定，业主逾期不交纳物业服务费用的，业主委员会应当督促其限期交纳；逾期仍不交纳的，物业服务企业可以向人民法院起诉。这一规定保障了物业服务企业的正常活动，也符合条例所遵循的维护全体业主合法权益的原则。让业主明白物业服务企业和自己的权利及义务，拖欠物业服务等费用的行为，得到了有效的遏制。

二、物业服务企业和相关部门职责不清导致的纠纷得以解决

由于物业管理提供的是软性服务，可用来参照的硬性标准很少，而业主对物业管理的水平又有着很高的期望值，往往感觉物业公司提供的服务有很大落差，造成纠纷。现在，我国还没有制定与住房制度改革相衔接的物业管理货币补贴政策，职工工资构成中未包括物业管理支出部分，大部分业主因工资收入低，经济承受能力普遍较弱。另一方面，如前所述，一部分业主受长期“分房修房靠单位”观念的影响，没有形成物业管理消费的观念和习惯，既希望享受服务，又不愿意交纳相应的费用。还有的业主认为，既然交了物业管理费，水、电、气等配套管道坏了，小区内的公用设施太少需要增加等，理应是物业公司的事，交的管理费，就应该用在这些为大家服务的项目上。水电气等专业公司的配套改造也常常要求物业服务企业出一部分资金。一般来说，物业服务企业应向住户提供的服务包括：

①公共性服务，如保洁、保安、绿化、房屋维修等服务；

②代办性服务，如代收水电费等；

③特约性服务，如室内维修、代送报纸等。

但在物业公司的实际运作过程中，由于物业服务企业和相关部门的职责不清，业主因各种原因拒交或不交物管费，导致了很多物业服务企业入不敷出，加重了企业的经营亏损。

《物业管理条例》规定，业主、物业服务企业都不得改变物业管理区域内按照规划建设的公共建筑和共用设施的用途；供水、供电、供气、供热、通信、有线电视等单位，应该依法承担物业管理区域内相关管线和设施设备维修、养护的责任，向最终用户收取有关费用。以上规定，明确了业主、物业服务企业和水电气等职能部门的相互关系及各自的职责，使物业服务企业从相关职能部门的繁杂事务中得以解脱出来，以充沛的精力来不断提高自身的服务质量。

三、业主与开发商及物业服务企业之间法律关系变得明晰了

一直以来，在物业纠纷中，物业公司一向以被告的面目出现。可是，据最新数据显示，现在物业管理诉讼的一大新特点，流行物管告业主，原告多为物业服务企业，被告多为业主。小区有的业主因各种理由拒交管理费、违约装修、违章搭建是新建商品房小区管理的顽症。开发商和物业服务企业与业主之间发生矛盾和纠纷的产生，究其原因，大多数是由于物业服务企业或开发商对物业管理中的法律关系不清楚，如业主和业主之间的问题、业主与开发商及物业服务企业三者之间的合同规定不清楚，并缺乏相应的行业管理服务标准，这方面的法律、法规立法相对滞后，极易导致纠纷。许多业主不明确自己拥有的权力及应承担的责任，业主将自己与开发商之间的矛盾和与物业服务企业间的矛盾混为一谈，有的业主对入住的房子质量或其他购房中产生的问题，甚至将对其他个人或企业的怨气也发泄到物业服务企业身上。因问题得不到解决，不采取正当的维权方式，而是采用消极的方式来维护自己的权益，常用的方式就是不交物业费，乃至水电气等费用。

笔者认为，当住宅出现质量问题或住区环境问题时，由于建设和管理职责不清，一些开发商和物业服务企业之间互相推诿，使问题难以解决。《物业管理条例》规定房地产开发项目在规划、设计、施工阶段应聘请前期物业服务企业，并明示双方的权利和义务，令业主困惑的开发商和物业服务企业的“扯皮”难题得以破解。为防止因物业开发建设的质量问题影响以后的物业管理，条例规定，物业服务企业承接物业时，应当对物业共用部位、共用设施设备进行查验。在办理物业承接验收手续时，建设单位应当向物业服务企业移交物业的相关资料。同时，条例明确规定，前期物业管理是业主、业主大会选聘物业服务企业之前，由建设单位选聘物业服务企业实施的物业管理。条例要求住宅物业的建设单位，应当通过招投标方式选聘具有相应资质的物业服务企业；对于其他物业的建设单位，提倡按照房地产开发与物业管理相分离的原则，通过招投标方式选聘具有相应资质的物业服务企业。条例还规定，建设单位应当在物业销售前将其制订的业主临时公约向物业买受人明示，并予以说明；建设单位与物业买受人签订的买卖合同应当包含前期物业服务合同约定的内容。

另外，条例同时提出，业主需要装饰装修房屋的，应当事先告知物业服务企业；物业服务企业应当将房屋装饰装修中的禁止行为和注意事项告知业主。业主、物业服务企业都不得改变物业管理区域内按照规划建设的公共建筑和共用设施的用途，这一规定确保了房屋的装修安全和使用安全，使违规装修及乱搭乱建有了法律

依据。条例的以上规定，使业主与开发商及物业服务企业之间的法律关系由不清楚变得明晰了。

物业管理是房地产业的重要组成部分，也是伴随于我国房地产市场经济产生而产生的朝阳产业，有着十分广阔的发展前景。从物业服务企业的发展来看，今后的住房市场上需要的是真正独立物业管理。物业服务企业是一个服务型的企业，它需要完善机制去求得企业的生存与发展。所以，小区实施物业管理，必须要严格按照《物业管理条例》的规定，从实际情况出发，一方面要坚持业主的自治自律与物业服务企业统一专业化管理相结合的原则，依法对业主进行正面引导、帮助，指导其树立与市场经济体制和城市现代化文明程度相适应的科学消费观念；另一方面要严格依法规范物业服务企业的经营管理行为，树立企业诚信服务、管理科学、业主满意的经营思想，对企业的不规范行为要采取有力措施加以制止；第三，地方政府的有关部门要深入实际，对企业目前的经营条件和面临的各种困难、问题进行调查研究，切实帮助企业建立和完善有利于物业管理市场良性发展的经济秩序。发展具有中国特色的物管之路，并更好地为业主提供高质量的人性化服务，以满足业主的真正需求和得到业主的理解。

物业服务企业面临的困境及对策

李预兵

重庆物业管理从20世纪90年代初期起步，至今已有20多年的历史，物业服务企业也从最初的几家发展到现在近2 000多家，从数量上看发展迅猛，但从物业管理水平和服务质量上存在很大差距，急需引导和规范。物业服务企业在发展中面临不少急需解决的问题。

一、物业服务企业的经营管理欠规范

①少数物业服务企业有侵害业主的利益的行为；

②物业服务企业存在恶性竞争，低价接项目，降低服务标准，扰乱物业服务市场；

③少数物业服务企业从自身经济利益出发，乱收费或擅自将小区公共部位的收入归企业自己所有；

④少数物业服务企业不按《物业服务合同》约定或承诺经营、服务，不守信、不作为。

二、物业服务企业小、弱、散

从事物业服务的企业总体数量虽大，但多数企业规模偏小、服务水平和服务质量低、投诉多、收费率不高、抗风险能力不够。而规模较大、服务水平较高、人才储备充足、市场美誉度较高的企业数量偏少。由此，导致了全行业利润较低、效率较低、消费者和业主美誉度偏低的现状，影响了行业的整体形象，制约了行业的良性发展。

三、物业服务企业员工服务意识不强，整体素质不高，服务质量较差，服务不规范，语言不文明，不能及时满足业主的正当需求和要求

原因在于，大多数物业服务企业从业人员是从待业、下岗、部队转业或其他行业转行或是农村进城务工人员占的比重不小，其综合素质和专业技能都有待提高。

个别物业服务企业还缺乏专业技术人员。

四、业主委员会运作不规范，自治能力不强

首先，业主委员会缺乏内部的运行和监督机制，滥用自治权利的问题相当普遍。部分业主委员会成员为自己谋求私利而不惜损害其他业主的利益，如私自出租物业区域的公共部位或设施、私自承包物业区域的工程项目，占用物业区域的公共资源为个人经营使用，甚至挪用房屋专项维修资金等。有的将小区公共部位收益，存入私人账户，未经业主大会同意，随意给业主委员会成员发放补贴；个别的还接受物业企业的贿赂，要求物业服务企业安排自己的人员就业，减免自己的物业服务费以及其他费用，当自己的要求得不到满足时，便无理取闹，煽动业主群体上访，给政府施加压力或影响，或无理解聘物管企业，引发新的社会矛盾。

其次，相关部门对业主委员会成员缺乏培养和提高，使其不能发挥应有的作用。很多业委会成员由退休老同志或待业人员组成，由于缺乏相应的专业知识，处理小区事务常习惯通过感觉和表面现象来认识物业管理服务以及服务质量，不能从实际出发协助物业服务企业解决问题，甚至超出权利范围干预物业服务企业的正常经营。有些委员忙于工作，不能有充裕时间参与小区事务，也影响业主委员会的日常工作。还有的业委会委员对物业管理有关政策、法规不熟悉，对业主委员会在物业管理中的地位、作用、权利和义务的重要性认识不足，参与业主委员会工作的积极性不高，不能发挥应有的作用。

五、物业服务企业生存环境差，经营困难

①物业服务收费标准低，老、旧小区尤为突出，严重制约了物业服务企业乃至整个行业的健康发展。一是收费标准 12 年不变，新的《收费管理办法》未出台；二是政府的物价调节机制和平衡机制不合理，如水、电、气的价格、人力资源、材料等价格大幅度刚性上升，物业服务价格却一直没变，导致了收入与支出“倒挂”，企业生存艰难。

②物业企业无偿承担了过多的政府和社会公共服务职能。如计划生育、人口普查、环境综合整治、社区巡逻等。

③税收政策有待调整。一是税率偏高；二是税基不合理。目前，对物业管理适用 5%的营业税税率，相对交通运输业、建筑业、邮电通信业、文化体育等行业 3%的营业税税率明显偏高。物业企业向业主收取的物业服务费由物业服务支出和酬金两部分组成，其中服务支出属代业主支付清洁、秩序维护、绿化养护、设施设备运行

维修保养等开支,与居民水电费一样具有代收代付的性质,不应作为税基。

④物业从业人员报酬低,社会地位不高。目前,物业从业人员平均报酬只有社平工资的60%,平均福利水平不足国家规定的50%,不仅劳资双方潜在的矛盾突出,而且影响物业从业者在社会上的地位,难以进一步吸引优秀人才从事物业管理。

⑤水、电、气等本应由职能部门直接向业主收费,目前,仍有不少地方由物业服务企业代收并承担小区内水、电、气的损耗和设施维修,且定价欠合理,业主室内用电按民用电收费,同样是为业主生活工作服务的公摊用电(如公共地段照明、设备设施用电等)却按非居民用电或工业用电计价,加重了物业服务企业的困难。

六、前期开发建设遗留问题给后期物业企业管理、服务、运行等带来了很大的困难、矛盾和纠纷

七、物业服务费收费难且诉讼程序太烦琐,执行更难

八、新闻媒体缺乏对物业服务企业行业客观、全面的报道,负面报道较多

电梯关人、新老物业公司发生冲突等,而对物业管理行业在促进城市建设、增加就业岗位、建设和谐社会方面的积极作用很少宣传,为物业管理行业树立形象,增添了难度。不利于物业管理行业和物业服务企业的健康发展。

九、大修基金启用困难,程序繁杂

造成设备设施得不到及时维修或更换,引发业主和物业企业矛盾、纠纷,影响小区的和谐稳定。

十、物业企业责任重大,承担风险偏重

物业管理作为一个新兴行业,法律、法规近年虽然在不断完善,但还不很健全,社会各界对物业管理的责任众说纷纭,莫衷一是,物业服务企业的风险责任日益加大。在物业管理的辖区内,经常会有业主的人身和财产受损,引起矛盾和纠纷,法律、法规对一些利益纠纷又缺乏明确的责任界定,物业企业作为经营实体,其义务常被无限扩大,形成权利和义务不对等。

针对以上问题,笔者建议采取以下对策:

①加强对物业服务企业的监管和规范。首先,要进一步加大法律、法规的建设

和完善，并加大对市场的监管和规范力度，惩治违法违规的物业服务企业，维持正常的市场秩序；其次，要加强行业诚信建设和行业自律，尽快建立和完善企业与项目经理人的诚信档案，遏制少数企业不正当竞争、暗箱操作、恶意杀价、欺诈业主的行为。最后，充分发挥行业协会的作用，制定物业服务规范，规范行业经营行为，开展行业自律，促进物业服务企业依法、诚信经营，促进物业管理行业和物业服务企业的健康发展，提高物业企业的管理服务质量，提升业主的满意度。

②物业服务企业要苦练内功，提高服务质量，提升业主认可度。要重视队伍的培养和建设，强化服务人员的培训和储备，引进先进的服务理念、服务模式、服务方法，引导服务人员转变观念和热爱本职工作，爱岗敬业，增强自身素质和专业技能，造就一支具有良好的服务意识、服务精神和服务技能的员工队伍；同时要严格执行《物权法》《物业管理条例》等法律、法规和国家的有关政策，依法经营和服务，要牢牢树立诚信经营意识，坚持以人为本，诚信服务的经营理念，认真履行《物业服务合同》的约定和承诺，加强和业委会、业主的沟通和交流，以满足业主的合理要求为己任，不断提高物业管理水平和服务质量，不断提升物业服务企业的形象。

③创造条件，鼓励管理水平高、服务质量好、规模大的物业服务企业去帮助规模小、管理不规范、信誉低的物业服务企业。条件成熟时可走集团化道路，淘汰意识、理念、管理和服务落后的中小物业服务企业，政府、主管部门以及其他职能部门应给予支持和扶持。只有规模化经营才有可能整合有限的物业项目资源、技术资源和人才资源，做大做强物业服务企业，打响物业服务企业的品牌。

④规范业主委员会行为，维护业主合法权益。一是健全业主自治的相关法律法规；二是建立健全业主委员会产生到运行的全过程可操作的制度，业委会管理和运行有章可循，用制度保障业委会正确行使权力，杜绝滥用权力想象的发生，最大化维护业主的权益；三是建立行之有效的业委会监督机制，切实要把业主委员权力行使置于业主及有关部门的监督之下。

⑤给予物业服务企业税费优惠，扶持物管行业和物业服务企业健康发展。鉴于物业管理行业和物业服务企业承担了很多政府和社会职能，具有准公共服务的特征，从维护涉及千家万户的公共利益和保障民生出发，对物业管理行业和物业服务企业免收营业税或适用有别于一般服务业的较低的营业税率；并对物业服务企业所得税给予减半征收的优惠。

⑥尽快出台新的《物业服务收费管理办法》，以适应当前物业管理和服务的需要，并逐步建立公平合理的质价相符的物业服务收费价格联动机制。

⑦政府要高度重视物业管理行业和物业服务企业的建设和发展，给予物业服

务企业与其他行业企业一样的经济、社会和政治地位；政府和新闻媒体还应正确引导业主的物业消费意识和消费观念，让广大业主了解物业服务的内容，积极参与物业服务工作。特别是新闻媒体应多做一些正面的报道和宣传，报道力争客观和公正，消除社会对物业行业、物业服务企业的误解和偏见，帮助业主树立物业消费观念。

⑧落实《物业管理条例》《重庆市物业管理条例》有关水、电部门应承担的职责和义务。实行“一户一表制”；理顺水、电设施设备和管线的管理、维修、养护体制，对原有项目的设施设备应移交给供水、供电部门，由其承担相关管线和设施设备管理、维修、养护的责任，其成本纳入供水、供电价格；物业小区（大厦）的公共设施用电应改为按居民用电基本电价收取，以减轻业主和物业服务企业负担。

⑨简化物业专项维修基金使用程序，建立在特殊情况下简便快捷地使用维修基金的绿色通道。完善维修基金的管理、监管体制，保证维修基金安全和保值增值，确实发挥物业专项维修基金作为“养老金”的作用，以保障业主物业的有效使用和延长使用寿命。

⑩明确开发建设单位的责任和义务，加强物业项目的承接查验。街道（乡镇）、居委会（社区）等要按照住建部《物业承接查验办法》的规定，与物业服务企业会同建设单位对物业共用部位、共用设施进行现场检查和验收；对建设单位移交的资料进行清点和核查，减少因开发建设遗留问题而引起的矛盾和纠纷。

⑪针对物业服务费收费难的问题，希望能将“业主个人物业服务费缴纳情况”列入个人诚信档案；同时简化物业服务费诉讼程序，加大执行力度。

⑫建立和完善物业管理矛盾纠纷快速调解处理机制，充分发挥调解工作在物业管理服务中的作用。构建人民调解，司法调解相互衔接的物业管理服务矛盾纠纷调解工作新模式，建立区（县）、街道（乡镇）、社区三级物业管理服务矛盾纠纷快速调解处理组织体系，及时解决和化解物业管理服务的矛盾纠纷，构建和谐稳定的社会环境。

⑬政府和相关部门按照相关法律法规界定物业服务企业的职责和义务。如公共服务需要物业服务企业承担，可采取购买服务的方式向企业招标，既保证了服务质量，又能够减轻物业服务企业承担的负担。

复兴路上话物业

李预兵

2009年初，温家宝总理在《政府工作报告》中第一次提出："大力发展社区商业、物业、家政等便民消费。"温家宝总理在2010年的《政府工作报告》中又提出："加快发展服务业。进一步提高服务业发展水平和在国民经济中的比重。大力发展市政公共事业、房地产和物业服务、社区服务等面向民生的服务业，积极拓展新型服务领域。"将物业服务工作连续2年纳入了《政府工作报告》，体现了政府对物业服务工作的重视，也说明物业服务工作得到了政府的认可，列入了政府的议事日程。中国的物业管理从1981年3月10日深圳市物业服务企业成立，对深圳第一个商品住宅小区"东湖丽苑"实施专业化物业管理开始，伴随着住房制度改革，城镇化和城市化进程的加快，社会经济生活以及国民经济和房地产的迅速发展，从无到有，从小到大，历经30年的发展。目前，全国物业服务企业已超过6万家，直接从业人员超过600万人，管理水平和服务质量不断提高，已成为居民生活、城市管理、国民经济发展和社区稳定、和谐社会建设不可缺少的重要组成部分，可喜可贺。回眸这30多年的风雨历程，总结行业发展经验，对推动物业管理行业在复兴路上开创新局面有重要的现实意义。

一、政府重视物业管理，建立健全政策法规

1994年3月23日，建设部印发《城市新建住宅小区管理办法》，4月1日起施行，成为中国物业管理第一个行政规章。1994年6月18日《深圳经济特区住宅区物业管理条例》出台，11月1日正式实施，成为中国第一部有关物业管理的地方性法规。尤其是2003年《物业管理条例》的颁布和实施，它不仅是我国第一部全国性物业管理法规，更是我国物业管理发展历史上一件具有里程碑意义的大事，对规范物业管理活动，促进物业管理健康发展具有重要意义，它也标志着我国物业管理进入了法制化、规范化时期。2007年，国家《物权法》的颁布和实施，其中第六、七、八章均重点涉及物业管理，首次从立法的角度提出"物业管理服务企业"的概念，为

物业管理行业的发展指明了新的方向，澄清了物业管理行业中一系列的关联性法律问题，确立了物业服务企业的地位、权利、义务，更加深入地推进了物业管理这个第三产业的发展，将物业管理行业带入了一个前所未有、有法可依的新时代。

与此同时，国家各部（委）、各省（市）也颁布和制定了大量的地方性法规和物业管理规范性文件。国家发改委、建设部印发的《物业服务收费管理办法》《物业服务定价成本监审办法（试行）》，建设部和财政部印发的《住宅专项维修基金管理办法》、建设部印发的《物业服务企业资质管理办法》《前期物业管理招投标管理暂行办法》《物业承接查验办法》和重庆市印发的《重庆市物业管理条例》《重庆市物业专项维修基金管理办法》等，使我国的物业管理的政策和法律法规日臻完备，为物业管理的长期稳定健康发展奠定了基础。

二、物业服务立定足跟，提升服务水平质量

物业管理行业经过 30 多年的发展，已经从开始的单纯商品住宅物业管理发展到办公、商业、工业、政府机关、交通、银行、园林、城市管理、医院、学校（院）、道路、桥梁、机场、码头、体育场馆、广场、城市街道、村镇、部队、寺庙等多类型物业服务；从单一的小区物业服务发展到综合性建筑的多种多样的物业服务和大型社区的服务以及奥运会、亚运会场馆和世博会展馆的服务；从做好物业管理基础服务发展到向物业管理多元化、高端化、现代化服务领域的服务，其服务领域越来越宽，服务内容越来越多，服务空间越来越大。

物业管理行业和物业服务企业不断创新服务理念、强化服务意识和服务态度，加强从业人员的培训、教育，推进物业管理师制度建设，不断提高从业人员的综合素质和专业素质，造就了一大批思想素质好、业务能力强的优秀物业管理从业队伍和物业经理人，为物业管理行业持续发展打下了坚实基础。加强制度建设，健全行业规范和标准，诚信服务、规范管理、认真履约、尊重业主、加强与业主、业主委员会、社区的沟通和协调，满足业主的合理需求，争取社会和业主的理解、支持，改进工作，不断提升服务品质，使物业服务水平和服务质量持续提高，获得了政府、社会和业主的认同与支持。

（一）物业观念深入人心，首先市场日臻完善规范

物业管理开展 30 多年来，随着城镇化和城市化进程的推进、房地产和城市居民生活水平、品质的提高，物业管理也逐渐深入人心。特别是《物权法》《物业管理条例》等一系列与物业管理相关的政策、法律法规的出台，进一步明确了物业管理

各方的权利和义务，加之，物业服务企业服务水平的提高，政府、主管部门和社会各界、媒体对物业管理行业的重视度、关注度的加强，社会、业主对物业管理认可度和满意度的提高，物业服务企业和业主间的争议和矛盾纠纷大幅度减少，业主的物业消费意识不断增强，合作和共建和谐的理念被越来越多的业主接受，物业消费环境大为改观；其次，随着物业管理的政策和法律法规的逐步健全和完善，政府和相关部门对物业管理工作监督力度的加大，监管工作的逐渐到位，行业协会诚信档案的建设、行业自律作用的积极发挥，物业管理招投标工作的不断推进，物业服务企业诚信经营、依法、依约服务意识的增强、品牌建设和整体形象的打造以及社会和大多数业主对物业管理工作越来越理解和支持，使物业管理市场越来越成熟和规范。

（二）物管行业成绩突出，推进和谐社会建设

经过30多年的发展，物业管理行业已成为现代物业服务的一个重要组成部分，在提高城市管理水平、改善居住和工作环境、增加就业、维护社会稳定、构建和谐社会等方面发挥着重要作用：

改善人居环境和提高城市管理水平，促进社会和业主资产保值增值。通过为社会和业主提供物业管理和服务，不仅改善了人居和工作环境，提高了居住、工作的品质，促进了城市管理水平，促进了我国城镇化发展，推进了城市化进程和宜居城市的营造；而且，通过对房屋及其设施设备的专业化管理，及时的维护和保养，使得既有物业处于良好的使用和运行状态，提高了物业的使用价值和经济价值，延长了物业的使用寿命，带来了物业的保值增值，为业主创造了资产价值，为整个社会创造了财富。

物业管理行业作为势头强劲的新兴产业，对国民经济发展作出了积极贡献。2008年第二次经济普查数据公报显示，全国物业服务企业主营收入达2 076亿元，已超过了旅游业和文体行业的收入，这还不包括物业服务企业向业主提供的物业维修、房屋租售代售、家政服务、票务代理、代办保险、家电维修、室内装饰等多项特约服务的收入，如果算上，收入会更大一些。2013年行业发展报告显示，物业管理行业主营业收入已接近3 000亿元。

安置，解决了大量就业和剩余劳动力。物业管理行业作为一个劳动密集型行业，从业人员涵盖了管理、客服、秩序维护、清洁、绿化、车辆管理、工程维护等多工种、多层次的各种人员，在扩大就业方面容量广、覆盖面大，拓宽了劳动就业领域，吸纳了大量的机关、事业单位分流人员，安置了大量的下岗、待业人员和部队复转军人，接收了大量的农村进城务工人员和残疾人，成为了扩大就业的主要行业之

一,创造了良好的社会效益。随着物业管理覆盖面和物业服务领域的不断扩大,物业管理行业的快速发展,其从业队伍的越来越大,吸收城乡剩余劳动力的越来越多,对增加就业发挥的作用会更大。

在维护社会稳定、构建和谐社会中发挥了重要作用。物业管理对公共秩序的维护、及时的应急处理、协助政府开展的安全防范职能的发挥,有效地减少了盗窃、斗殴等治安事件,减少了刑事案件和紧急火灾事故的发生率,为政府、业主排忧解难,为社会救援作出了艰辛努力,如 2006 年、2007 年百年不遇的特大旱灾、洪灾,2008 年的冰雪灾害和汶川大地震来临之时,物业服务企业及时组织和调动人员做好人员疏散、秩序维护、绿化维护,及时疏浚、排涝、堵漏、公共设施设备抢修,保障供电、供水、电梯、中央空调、消防等设施设备的正常运行,维护了业主的生命、财产安全。还积极向灾区捐款捐物献爱心。又如,北京奥运会、广州亚运会、上海世博会期间,物业服务企业承担了大量的公共秩序维护、管理、设施设备运行维护、接待工作和保稳定、促和谐工作,为北京奥运会、广州亚运会、上海世博会的运行和各项活动的顺利开展作出了贡献。同时,物业管理作为社区管理的重要组成部分,在社区文化推广,化解、调解民事纠纷和矛盾,建立新型邻里关系,创建融洽的社区环境,共建和谐小区、和谐社区,促进社区建设,构建和谐社会中发挥着不可替代和重要的作用。

"三十年过去,弹指一挥间"。经过 30 多年的奋斗、创造,物业管理行业取得了骄人的成就,赢得了政府、社会、业主的广泛认同和肯定,物业管理行业也得到了大力发展。作为物业人,我们深感欣慰和自豪,也深感所肩负的物业行业再发展、再提升责任的重要、任务的艰巨。30 年辉煌已成为过去,新的征程承载新的使命。虽然,物业管理行业目前还客观存在种种问题。但是,面对物业管理的未来、物业管理行业美好的明天,我们豪情满怀、信心百倍。我们深信:有政府、主管部门、社会的重视,物业消费环境必定会进一步改善,有物业管理行业全体同仁的共同努力,有广大业主的理解支持,就一定能克服各种困难,推动物业管理行业迈上一个新台阶,促进物业管理行业又好又快的发展,就一定能在中华民族的伟大复兴中创造物业管理行业辉煌的明天。

对老旧小区停车难问题的探讨

李　强

由于我国经济强劲稳定持续发展，小区居民购车消费逐年呈现上升趋势，全社会面临停车位缺口大，车辆占道乱停、乱放的严重现象（特别是老小区），并已成为老小区物业管理矛盾的焦点之一。

一、小区停车难的基本现状与分析

“以前小区私家车不多，不存在没有停车位的问题。最近几年，私车突然增多，我上班到单位停车难，回家晚了还要跟人抢车位，抢不到车位只有占用人行道，如果车子被人划了，物业公司肯定还要承担赔偿责任，不然就不交物管费哟。”这是笔者所管小区业主讲的一番话。

(1)小区基本概况

总建筑面积：25 万 m^2。

小区开工时间：2005 年 1 月 5 日；竣工时间：2006 年 7 月 31 日之前。

小区入伙时间：2006 年 7 月 31 日。

小区总户数 2 010 户，现已入住 1 913 户，入住率 95%。

小区现有室内停车位 550 个，室外停车位 6 个。配比率：0.28。

小区车辆出入口 4 个。

(2)小区及周边项目停车现状

2008 年 3 月前，云满庭（B）小区车位基本上能满足使用，但 2008 年 6 月至 2011 年 4 月底，业主购买车辆近 1 200 辆左右，停车位短缺 644 个（业主购车还在增加），矛盾十分突出。周边小区同样也存着停车混乱状态：整个道路拥挤不堪，路面双向停车；占用消防通道，安全隐患严重；侵占、破坏人行道和绿化带；小区交通不畅，冲突时有发生。

(3)小区停车难的原因

①车辆增长速度快。

据《重庆商报》2011 年 1 月 10 日称，我市私家车每天新增达 700 辆，每月增加 2.1 万辆，每年增加 25.2 万辆（不含企事业单位增购车辆）。本小区每月新增车辆也在 2~5 辆。

②规划车位配比率低，实际建造又打折扣。

2006 年以前，重庆市住宅小区配建停车位比率在 0.3 左右，2006 年 4 月 1 日起调整为每 100 m^2 配 0.6 左右，这是重庆市直辖后第三次调整，即使这样，也赶不上车辆的增长速度。另一方面，开发商为节约成本，实际建设还达不到配比要求（例如，南滨等小区共有 700 多户人，在 2003 年交付使用时只有 39 个车位，把车库门口辟为停车位后也只增加到 44 个车位，要租车位的业主只能在物管处排队等候，看有没有退租车位的）。

③新建小区车库未充分利用。

以融侨某小区为例，该小区室内停车位 226 个，业主仅停车 65 辆，未使用的停车位达 161 个，而小区占道停车约 200 辆。小区车位，空置率高达 71%。

④停车位价格增长过快，停车费也面临上涨，老区业主难以承受。

在 2003—2004 年，融桥半岛每个车位售价仅 3 万元，到 2005 年涨到 5 万元，2009 年 8 月之前，升为 5.5 万~6.5 万元，2009—2010 年涨到 7.5 万元，2011 年后又涨到 10 万元以上，同比上涨了两倍多。据悉，如龙湖某小区，2011 年 1 月 1 日将停车位的价格从 9.5 万元上涨至 10.5 万元。我市目前小区车位价格均达 10 万元以上。另外，按照物价部门的规定，特级停车库的收费可达到 750 元/月，一级停车库可达到 600 元/月，但主城一些小区的停车费，已经四五年未动，这几年，整体物价尤其是房价已发生巨大变化，停车费还有上调的空间，年前不少小区都调整了停车费，每月上涨了 50~100 元，涨幅为 15%~30%。这对老区业主而言，心里难以承受。加之开发商卖停车位，实行优先购买，买卖不破租也使社会矛盾日益增多。

⑤政府小区车辆管理制度缺失。

重庆交巡警加强了对违规停车的处罚，这原本是好事，但原来停在小区外马路边的车辆，都被赶进了小区，致使小区内出现车满为患，到处占道乱停乱放。国家道路交通安全法并未对小区的交通管理作出明确规定，交巡警“无权”将管理的触角伸进小区。《重庆市物业管理条例》第六十三条规定：“物业管理区域内停放车辆，不得影响其他车辆和行人的正常通行。物业管理区域内发生的交通事故，由公安机关负责处理。”可是没有明确在物业公司阻止不了的情况下，小区车辆占道乱停乱放，阻碍消防通道，危害小区公共安全由谁来执法，只明确物业管理区域内发生交通事故，由公安机关（辖区派出所）负责处理。《重庆市主城区城市公共停车场管理办法》(渝府141号令),对物业企业的停车服务行为缺乏细则性的规定,致使物业企业的停车服务没有规范性的管理标准,又缺乏对车主的制度约束,车主文明停车的意识不强。

二、对治理小区停车难的建议

治理小区停车难,需要一个长期的过程。在当前相关法律法规尚不健全、业主和使用人素质有待进一步提高的情况下,建议采取积极努力,稳步推进的策略。

①采用业委会、居委会、物业公司"三位一体,合署办公"的模式,通过角色互换,达成共识,为小区业主排忧解难,共创和谐、平安小区。融侨半岛某小区,就是让三个单位负责人交叉任职,合署办公,在实践中,经过理解与磨合,达成共识解决了不少问题。

②建立小区业主互动信息平台,对占道乱停乱放等不文明行为进行必要的曝光,让业主自己教育自己,自己管理自己的家园。

③加强与物业协会辖区派出所、消防主管部门,以及交巡警平台的协调联系,按照《治安管理处罚法》《消防法》的规定,请相关职能部门进入小区监管执法,对占用消防通道的车辆进行拖移。

④建议召开业主大会,在《管理规约》中,增加委托交巡警管理小区停车秩序的内容,从而推进停车管理进小区。

⑤及时将小区停车难的现状及原因反映给街道办,请他们召开有关各方的联席会,协商相关问题的解决办法。

⑥根据《物权法》《重庆市物业管理条例》的相关规定,建议业主大会利用小区公共部位进行经营收益或动用专项资金改建或新建停车场(位),收益归全体业主所有。

⑦建议政府高瞻远瞩规划小区车位配比率并鼓励社会力量建设停车场。

据市停车办提供的数据,2010年我市开展综合整治以来,共取缔171个临时占道停车场,涉及6 294个停车位,占道面积6万余m^2。截至2010年8月底,主城共有停车场2 474个,车位近33万个,而2009年底主城只有停车位27.8万余个,8个月内净增5.1万余个,平均每月增加6 000多个,其中多为新投入使用的小区车库。

市车管所公开发布的统计数据显示,截至2010年8月20日,主城9区机动车保有量为61万余辆,与2009年同期相比增加了近12万辆,比2010年7月增加了近1.3万辆,其中汽车保有量47万辆。

车位总数与汽车保有量相比缺口达14万,而且停车场的建设速度远远赶不上机动车的增长速度。这意味着，主城每个公共停车位至少会有2~3辆车来“争停”，在一些人群密集的地方，这一比例会更高。

2006年，我市出台《建设项目配建停车位规划管理暂行规定》，明确普通住宅建筑面积达100 m^2，就必须配备0.6个停车位，即使是特殊的地少人多的渝中半岛，也要求普通住宅每100 m^2 配0.34个车位；2011年4月据市政管理委员会最新信息，停车位配比又上调，住宅建筑面积在90 m^2 以内，配比率为0.8个停车位，90 m^2以上按1∶1配比。即使按照新规，从长远来看配比率也明显较低。因为经济型小轿车发展太迅速了，价格多在3万~6万元，购买得起90 m^2 的业主，几乎都有条件买得起经济型小轿车，建议最好是按户型来配停车位。

同时，以“谁投资、谁受益”的原则，鼓励社会力量投入资金修建停车库（露天停车场应大力建设立体式停车库）。

大力发展公共交通服务业，在大社区设站设点，促进业主改变出行方式。

采取以上措施后，小区停车难的问题也许能得到部分解决；如果再加强对停车场的科学管理，提高其使用率，笔者认为，至少可缓解目前停车位紧张、乱停乱放普遍的状况。

积极化解小区矛盾，推进和谐社区建设

雷　琼

中央提出构建社会主义和谐社会，是一项英明、及时、必要的政治举措。因为社区是社会的一个细胞，社区是否和谐直接影响社会的和谐。社区和谐是社会和谐的基础。因此，要缔造和谐社会，首先应建设和谐社区，其间，物业服务企业承担了营造和谐社区的重要责任。笔者结合小区物业管理实际谈一些粗浅看法。

建设和谐社区，首先要明确和谐社区的标准。相关资料介绍，评价和谐社区的标准有六个方面：

①社区服务。街道要设立社区服务中心，社区要有服务设施，能基本满足社区居民的基本需要。便民服务热线要实现街道居民联网，失业人员的再就业率达到70%以上，对符合低保条件的做到应保尽保，残疾人员保障覆盖率大于90%，社区卫生人口覆盖率达到80%以上。要制订社区公共卫生突发事件预案，没有违法生育现象，社区95%以上居民对社区提供的服务表示满意。这既有定性的要求，还有定量的要求。

②社区环境。提倡人民社区人民建，人民社区人民管。人民是主人，社区的人民就是社区的主人。采取民办公助、企民联办、企业和民众联办的方法，加强社区基础设施的建设和维护。整顿社区容貌，整顿乱搭乱建，整顿环境卫生，使社区的社容社貌有一个明显的改变，为社区居民创造良好的生活环境，为社区的商贸发展创造良好的投资环境，使社区做到可持续发展。社区有清洁保洁队伍，有绿化维护队伍，“三包”协议达到95%以上，垃圾的收拾率达到95%，小区绿化覆盖率不低于30%。

③社区文化。有社区图书馆，藏书量达到1 000册以上；有固定的青少年活动站和社区体育活动场所，社区参加全民健身的人口达50%以上，参加社区文明学校和各类教育培训的人数达到本居住区居民的10%以上。文明楼院、文明家庭、卫生之家分别占管辖区总数的40%、50%、60%。

④社区稳定。社区有警务室，自保组织健全。社区内无未成年人违法犯罪。

社区对刑满释放和解教人员的帮教率达到90%。社区内无黄赌毒现象，无邪教组织，建立了公共安全应急预案。无集体上访和越界上访事件，有弱势群体的法律援助机制。社区无重大、特大火灾，无重大安全交通事故；家庭和睦，没有虐待和不赡养老人的行为，无家庭暴力。

⑤居民自治。居民委员会组织健全，能够主动接受社区党委领导及时受理社区居民的意见和要求，有《居民公约》《社区自制章程》，居民对居委会组织的活动参与率在60%以上。社区有志愿者组织，建立了社区事务听证会制度和社区事务通报制度，坚持居务公开。居委会办公设备有着落，经费有保证。

⑥政府的领导(党的领导)。这是最重要的一条。政府对社区的领导机构要健全，要有党组织，并认真地开展活动。建立健全党和政府对社区工作的协调委员会，社区内离退休党员组织关系转移到社区党组织的达到70%。有社区流动党员管理制度、党支部生活制度和民主生活会制度，党员发挥模范带头作用。

以上六个方面均与物业管理服务质量的高低有密切关系。

物业服务企业管理的社区(小区)，是城镇中最小的社会"细胞"。把它们建设成和谐社区，实现邻里和周围社区和睦相处；使人们既尽义务也享合法权益和美好的精神文明，真正做到安居乐业，是物业服务企业追求的目标，也是和谐社区建设必须达到的目标。

然而，现实是目前物业小区还存在诸多不和谐的问题，只有解决好这些问题，和谐社区建设才能向前推进。

①业主对权利和义务的关系缺乏正确的认识，造成业主与物业服务企业不能和谐相处。业主有要求物业企业服务的权利，同时也应尽缴纳物业管理费的义务。物业管理费高低和服务标准是相应的，应当成正比。但有的业主却不这样想，总想要费用要交得少，服务要高质量。甚至，个别认为物业企业赚的钱不少，服务却远远不够。

这个矛盾怎么解决？定期公布物业管理费收支账目，不失为一个好方法，由业主委员会或是政府有关部门进行监督，让业主知道，钱都用到哪儿去了。账目透明了，大家心里有底了，矛盾自然就消除了。

②社区居民的文化背景有较大差异，对同一问题，从不同角度出发，会得出不一样的结论。比如，有人喜欢晨起锻炼，需要睡懒觉的人则觉得被吵着了，双方都觉得自己的权利受到侵犯，从而发生矛盾，却没想到矛盾的根源在于双方只想到了自己的权利，而忽略了自己还有尊重他人生活习惯的义务。怎么解决这个问题？我们采取创建社区文化的方式来增加小区业主之间的和谐关爱。通过宣传、教育

和多种多样的活动，使小区业主逐渐形成共建家园意识，沟通和理解就会容易得多，业主之间互敬、互助和互爱了，文化背景的差异表现出来的性格多样却能融洽相处，不再是矛盾与不和谐。

③随着法律的不断普及，人的维权意识日渐增强，但维权的手段如果不合法，则容易引起矛盾。人非圣贤，孰能无过？不管是业主还是物业服务企业，一方有了过失，另一方要维护自己的正当权益无可非议，但是，维权的行动不能过激，要合理更要合法。有些业主在缺乏法律常识的情况下，因为冲动而与人产生冲突，或聚众闹事破坏公共秩序，这种为了维权而违法的教训不胜枚举。因此，物业服务企业和小区业主都要学法、懂法、守法，通过沟通、调解甚至起诉等合情、合理、合法的手段来维权。

④物业管理的权限和业主投诉的矛盾。一个小区里，哪些物业服务企业该管？哪些不该管？应用相关的法律法规来界定。但是，小区业主的投诉却是五花八门，这很正常，因为小区业主把物业服务企业看成小区的管家。比如，小区里有的商铺无证经营，车辆不按指定地点乱停放，影响居民生活，影响环境美观，物业管理人员进行规劝，如果业主不听，管理人员没有执法权，奈何他不得。而有执法权的工商和交管部门限于人、财、物，常常管不到小区区域来。这时候，物业服务企业怎么办？不管不行，管也不行，矛盾在所难免。要解决这个问题，就必须制定小区管理规约。政府相关职能部门也必须宣传、引导和监督到位。

⑤公建配套设施使用与管理的矛盾。举例来说，小区内如有车辆被盗，车主要求赔偿，一旦告上法庭，输的是物业服务企业。理由是车主交了停车费，双方就形成了合约关系。物业服务企业常常叫苦，认为只是提供了“场地”收费，但车主认为是为“保管”交费，双方对“合约”实质的理解不同，当然产生矛盾。

公建配套是否兑现了？规划是否合理了？功能变更了，产权不清了，是否投入使用和经营运转，也是引起矛盾的原因，这个问题的解决不是物业服务企业能办到的。公建配套对应的政府职能部门能否接管，接管后能否保证其功能投入使用？是否可以用市场经济来经营公建配套，所生产的效应，用于循环社区公益事业发展，以解决社区发展的生命力？这也是一个正在探讨的课题。当然，随着城市化进程和房地产发展趋势，这一问题亟待政府解决。

⑥因房屋质量问题导致物业服务企业与业主产生矛盾。房子是一种很特殊的商品，对质量的要求不同于一般商品。开发商提供商品前端质量的好坏，直接影响物业服务企业的服务质量。如保修期维修不到位、不及时，或物业企业代维的费用不落实，业主直接面对的是物业服务企业。对此，政府应严格把关，不合格产品不

能让它面市;对有质量问题的房屋出台保障业主权益的相应措施。

还有业主委员会,肩负了在业主和物业服务企业之间协调、配合和监督的职责,本应站在公正的立场上,帮助双方解决问题。但是,一些业主委员会似乎只侧重监督,很少起到协调配合与桥梁作用。而政府部门面对矛盾的双方,担当的角色应当既是教练又是裁判,起引导、教育和监督作用。

和谐社区就是一个大家庭,不怕有锅碗瓢盆交响曲,不怕有矛盾,关键是要及时消除矛盾,要有一个畅通解决问题的渠道,有可依的法律法规。要消除在社区经常遇到的这些矛盾,矛盾的双方还应对各自权利和义务有更清晰的认识。和谐社区必须有秩序,秩序则靠法规来保障和实现,靠每一个居民都学法、讲法、守法来维系。

业主之间关系和谐了,小区业主和物业服务企业的关系和谐了,物业服务企业才有更多的精力,投入为小区业主的物业服务当中,业主才能安居乐业,这个社会就步入了良性循环中,社区中各种权利和义务的关系理顺了,就有序了,也就和谐了。

当代物业管理之我见

陈　伟

在竞争日益激烈的现代社会里，物业服务作为第三产业中的新兴行业之一，面临着巨大的挑战。重庆，这个正在飞速发展的大都市，服务行业正处在百花齐放的时代，物管企业之间的竞争尤为激烈。

一个立足于日新月异时代的物业服务企业，必须吸取和借鉴服务行业的一切新理念、新举措。笔者所在公司管理的重庆世纪金马金辉物业，沐浴着物业界的春风细雨，在“高手如云”的物管行业泰然的“安营扎寨”。自涉足物业管理以来，金辉物业始终以主动去服务业主的姿态，用细节去制造感动的理念，一路披荆斩棘地走来，开辟了重庆地区物管行业的新天地。

短短几年的物业服务历程里，翻开渐渐成长的日历，起经营理念和物业服务体系业主和客户对开发商楼盘的关注现象，值得当代物业人思考和关注。

一、意识强弱在于力，千秋胜负在于理

就如今的物业市场而言，没有先进的经营和管理理念简直是寸步难行。要想在众多的竞争对手中取得市场，用先进的企业管理理念引导员工和注重物业服务的日常细节起着决定性作用。

建造优质的楼盘固然重要，但如果没有良好的物业管理，优质楼盘就只是空洞的建筑，失去了优质楼盘的功能和品质。而金辉物业管理的核心价值就是通过为客户带来良好的体验，增强客户对物业管理品牌的信任，进而强化客户对开发商品牌的“情感依赖”，从而产生对于开发商的重复购买与推荐购买的参与行为。

如何让业主感受到不仅仅是买了一套遮风避雨的房子，更是买下了平安、温馨的家园，将我们的服务做透、做细。甚至做出境界来，这是金辉物业公司的核心。它把自己定位为：“360 度金牌管家，缔造人居生活典范”的高品质生活运营商，建立起满足房地产开发商系统服务需求的“全程物业服务体系”和满足团队效能，强化细节管理等方面提升服务品质。通过客户美好体验，带来良好口碑，迅速树立金辉物业品牌，进而支撑地产开发商战略目标实现。

对此,金辉物业公司专门引入“专职区域管理家”服务系统,注重各种细节,始终把业主的感受放在第一位。它们秉承“专业、诚信、严谨”的企业宗旨,竭诚为业主提供精细化、专业化、标准化、人性化的优质服务。创建物业品牌、定位为质价相符、专业化管理,用人性化服务、高素质从业人员、积极与业主沟通、重视社区文化氛围等管理方式创造文明、安全、优美、舒适的小区人居环境。

把“如何让业主感受到不仅仅是一套遮风避雨的房子,更是买下了平安、温馨的家园”加入企业理念中,把为业主提供“安全、舒适、优美、方便”的生活环境定作目标,不断地与开发商协调,尽快完善各项配套设施,打造一流人居环境。

金辉物业公司的企业理念就是:从细节做起,用细节感动生活!

二、服务无止境,体系定成败

金辉物业管理的社区是以服务挂帅的高端社区,把备受高星级酒店推崇的“金钥匙私人管家服务”理念引进小区的日常管理工作之中。将常规的小区管理与服务输入“专职管家”服务体系,按照酒店模式进行布局和人员调配。这样的物管服务将突破传统的物业管理服务,取而代之的是完全“酒店管理”。

在每幢楼设置专职管家,以管家服务为主导,经过严格训练的年轻管家,24 小时为业主提供无可挑剔的个性化服务。所谓个性化服务,就是让每位业主都像拥有自己的管家那样,随时随地都可以得到服务。

让金辉物业的每一项客户服务都能成为经典,普通物业管理所具备的服务,金辉物业都一应俱全,令普通、物管难以望其项背,使业主们完全可以从日常生活的琐事中超脱出来。

这种专职管家服务,其服务核心目标不仅仅只是让业主满意,而是要让业主时刻惊喜。为做到这一点,金辉物业给每户业主建立详尽的信息卡,记录业主的生日、电话、车牌号,以及家里种了什么花,养的什么宠物,业主喜欢喝什么茶,看什么书等。在业主需要的时候,物业人都会提前想到、做到;在业主没想到时,物业人会帮业主想到、做到。

我们还为每一户业主建立了详尽的档案,业主来电管家能立即叫出业主姓名。

在安全服务方面,金辉物业启用了智能楼宇系统。将网络传输、多元化的作息服务与管理、物业管理与安防、住宅智能化集于一体,为小区的服务与管理提供智能化技术的有力支撑,以实现快捷高效的服务与管理;五道智能安防设施,配以高素质的安全保安队伍和专门的应急分队,全天 24 小时守护业主家园;小区周界报警,小区保安 30 秒钟赶到;业主家中报警保安 5 分钟内赶到现场。这样的小区安全服务配置和服务，为小区业主提供了最大的安宁。

在小区工程维修方面，金辉物业的工程报修服务有着鲜明的特点和严格的服务要求。在接到报修后，工程人员必须在15分钟到达现场，并且严格按照“五个一”的服务标准进行维修。即见到客户“一声问候”，进门前套上“一双鞋套”，工作室先铺好“一块工作布”，配备“一块毛巾”，配备“一个垃圾袋”清理现场。“五个一”服务标准严格规定了工程人员的服务流程，得到了业主们的一致好评。

同时，工程人员组成了专业的维修队伍，每年定期举行“业主家电免费维修”，省去业主们将故障家电搬进搬出之苦，拉近了物业与业主之间的距离。

在清洁绿化方面，小区任何地方必须干净整洁，无卫生死角。实行“零干扰服务”，在业主上下班高峰期间，公共区域清洁必须完成，尽量避免干扰业主的正常出行。随时给予业主关切的服务，给业主们带去温馨的感觉。

常规的物业服务是当代物业管理的基础，但是对于如今的物业管理来说，做好这些远远不能满足业主们需求了。金辉物业公司实施的精细、惊喜服务体系，将物业服务推向了一个新的境界。

“用心做好每个细节”这是金辉物业的服务理念，任一细处的硬件管理亦或是软性服务都会在小区的物业服务中表现得淋漓尽致。

对小区的物业服务中心的服务情况进行监督，并定期对业主进行物业服务满意度调查。在客服前台设置录音电话，监控业主的报事报修执行情况；品质督查部每月的业主满意度抽查是作为专职管家和管理处经理绩效考核的依据；客户投诉中心是直接沟通业主和客户的通道，全天24小时随时接受投诉，这是致力不断提高服务品质的服务；制作精美的物业服务报定期向业主投递，架起业主与物业公司和开发公司沟通的桥梁；凡有客人来访，都必须变指路为带路，一律由物业人员亲自带到客人要去的地点；在小区额定各个门口设置自助安全雨具架，方便出行的业主；为业主提供便民服务车，方便业主进出；掌握并根据业主信息，对业主生日、婚礼、乔迁进行祝福；在夏天，为业主和客户停在室外的车辆，盖上遮阳布，避免车辆被烈日暴晒。

金辉物业公司推行的健康生活服务体系和协助开发商尾盘销售的服务是物业服务的一大亮点，为建设一个富有现代生活品味的生活环境和职称开发商楼盘的销售有着极其重要的作用。

联系专业机构建立社区医务室，为业主提供常见病例之医疗服务，并为业主建立个人健康档案；结合季节和地理环境，适时组织业主春游活动；开展各类体育比赛、摄影比赛、邻里美食节、棋牌娱乐等活动，丰富业主的文化生活。

在社区文化教育方面，主要体现在为业主的小孩提供书法、绘画、舞蹈、游泳、钢琴等各种少儿兴趣爱好培训。

以上就是金辉物业公司的中、总体服务状况。在不断的实践和探索之中，金辉物业人员会把成功之处沉淀并积累下来，总结出自己的一套管理模式，当好业主的管家。

纵观当代服务行业，首要的是在做好沿袭下来的传统服务工作同时，还必须在行业中树立与时俱进、开拓创新的思想，做到管理创新、服务创新。

相信，经历了多年磨砺的金辉物业公司会在物管行业的赛道上，在掌声和关注的目光之中一展风采，脱颖而出！

第 3 篇

业主组织及制度建设

业主委员会建设和运行之我见

李预兵

1991年3月，在深圳市率先成立国内第一家“业主管理委员会”，这是自20世纪80年代在我国推行物业管理以来，住宅小区产生业主自治组织的雏形。其后，建设部陆续出台的《城市新建住宅小区管理办法》《业主大会和业主委员会指导规则》以及《物业管理条例》《物权法》等法律、法规，都对业委会这个自治组织的筹备、选举组成，业委会应有的权利、义务、职责、操作等作了一定的规范，较为完善地确定了我国实施物业管理的物业区域推行业主大会及业主委员会的制度，对改变人们对物业管理的认识，让业主进行自我管理、维护业主的权益，促进物业管理与和谐社区的构建起到了非常积极的作用。随着城市化建设、物业管理的持续推进和十多年来物业管理区域业主委员会自治组织的推行、发展，其在组建、管理、运作过程中也存在诸多不足和问题，亟待解决和进一步规范。

一、业主委员会组织的现状和存在的问题

（一）业主委员会成员自身素质较低，使业主委员会未能充分发挥作用

一是很多业委会成员是由退休老同志或待业人员组成，由于缺乏相应的专业知识和素养，在小区事务上很难做到客观、公正、公平，还有些成员只是通过感觉和表面现象来认识物业管理、服务以及服务质量等，不是从实际上去协助物业服务企业解决问题，甚至有些委员超出权利范围去干预物业服务企业的正常经营，给经营和小区管理带来一定的负面影响。二是有些委员忙于工作，不可能有充裕时间参与小区事务，也影响了业主委员会的日常工作。三是不少业主委员会成员对物业管理有关政策、法规不熟悉和片面理解，对业主委员会在物业管理中的地位、作用、权利和义务的重要性认识不足，对参与业主委员会工作的积极性不高，不能很好地配合物业服务企业和社区做好服务工作，使业主委员会不能发挥应有的作用。

(二)业主委员会滥用自治权利,运作不规范

业主委员会缺乏有效的内部运行和监督机制,其成员滥用自治权利的问题相当普遍。一是部分业主委员会成员利用自己手中的职权为自己谋求私利而不惜损害其他业主的利益,如私自出租物业区域的公共部位或设施,私自承包物业区域的工程项目,占用物业区域的公共资源为个人经营使用,甚至挪用房屋专项维修资金等。二是一些小区业主委员会成员,将小区公共部位收益存入私人账户,未经业主大会同意,随意给业主委员会成员发放补贴。三是一些业主委员会成员接受物业企业的贿赂,难以维护物业区域全体业主的利益。四是有些业主委员会把进入业委会当成为自己牟私利的工具,要么要求物业服务企业安排自己的人员就业,减免自己的物业服务费以及其他费用,要么为一点小利暗箱操作,伙同其他的物业服务企业炒掉原有的物业服务企业,引发矛盾和冲突。五是一些业主委员会成员为谋求私利,片面强调业主权利,不提义务,为了达到个人目的,纠集人员形成"利益小团体",打着"维权"的称号,当要求得不到满足时,无理取闹,煽动业主群体上访,给政府施加压力或影响,引起新的社会问题。

二、加强业主委员会制度建设

(一)建立健全业主自治组织的法律,以法律来规范业主委员会的运作

现行《物权法》《物业管理条例》《业主大会规程》等法律法规,对业主自治组织以及业主委员会的推行、发展、运作起到了积极的促进作用。但对业主委员会在组织、行为监督制约不具体,如业主委员会、业主委员会成员牟取私利、严重损害业主利益、不按程序规定操作造成小区重大损失、错误干涉物业服务企业正常经营活动造成严重后果、不作为和乱作为造成小区重大安全事故或引发小区混乱造成严重影响小区不稳定的行为等,最多只视为是违规,予以纠正了事,不追究其法律责任和经济责任。因违规成本太低,才导致滥用自治权利的现象非常普遍。因此,应对业主自治组织包括业主委员会的组建和运作立法,通过法律将业主大会、业主委员会的性质、职责、产生程序、业主委员会委员资格、业主委员会的组成和委员任期、业主委员会的权利义务、业主委员会的经费来源、业主委员会备案制度、业主委员会的法律诉讼地位、业主委员会所作决定的限制性、业主委员会如何接受业主大会及有关部门的监督,以及对业主委员会作出违法决定的处理方式、对业主委员会成员的违法行为的处理办法等作出明确规定,做到有法可依,实现业主自治组织法制

化,以法律来规范业主自治组织的建立和运行。

（二）建立和完善业主委员会的运行管理制度,用制度指导业主委员会的工作

为使业主委员会有效、良性运行,更好地发挥业主委员会的作用,加强业主委员会自身建设,就必须依法建立完善、规范的规章制度来规范自身行为。从业主委员会产生到运行的全过程都应建立一套完善的、切实可行、可操作的制度,并不断完善,使业委会的管理和运行有章可循。这些制度主要包括:业主大会制度、业主委员会会议及记录制度、业主委员会主任会议制度、小区公示制度、业主委员会经费管理使用制度、业主委员会档案管理及交接制度、业主委员会公章管理使用制度、定期召开业主委员会和物业服务企业工作联席会议制度、业主委员会定期向业主报告工作的制度、定期接待业主投诉和建议制度、定期检查设施设备制度、业主委员会决议、决定表决制度、业主委员会委员更换、补选制度等。有了制度,还应对业主委员会成员进行培训,要求他们严格按制度办事,用制度指导和规范业主委员会的工作,从制度上保证业主委员会正确行使权力,杜绝滥用权力现象的发生。

（三）强化政府及相关部门对业主委员会的指导和监督管理

《物权法》第七十五条规定:“地方人民政府有关部门应当对设立业主大会和选举业主委员会给予指导和协助”。《物业管理条例》第二十条规定:“在物业管理区域内,业主大会、业主委员会应当积极配合相关居委会依法履行职责,支持居民委员会开展工作,并接受其指导和监督”。《重庆市物业管理条例》第四条规定:“街道办事处(乡镇人民政府)负责指导本辖区内业主大会成立及业主委员会的选举工作,监督业主大会和业主委员会依法履行职责,调解物业管理纠纷,协调物业管理与社区建设的关系。”《业主大会和业主委员会指导规则》第六条规定:“物业所在地的区、县房地产行政主管部门和街道办事处,乡镇人民政府负责对设立业主大会和选举业主委员会给予指导和协助,负责对业主大会和业主委员会的日常活动进行指导和监督。”这明确了街道(乡镇人民政府)及居(村)民委员会对业主大会、业主委员会的指导和监督职责,街道(乡镇人民政府)对业主委员会实行监督和管理,是业主委员会规范化、制度化的需要。

①要切实参与到业主委员会选举工作中,按照《物业管理条例》对已建成并投入使用的小区,在业主入住率达到符合成立业主委员会条件时要督促其成立业主委员会,要参与业主委员会成立的筹备与审批工作,在选举前期工作中对业主委员会成员的条件、资格进行严格审查、审定,对业主委员会选举提出切实可行的具体

实施办法，使选举能透明化、公开化、公平化，符合大部分业主的真实意愿，保护绝大多数业主的利益，充分发挥政府的权威，公信作用，使选举工作能顺利推进，真正帮助小区组建一个素质高、信誉好、有诚信、比较专业、能正确发挥作用的业主委员会。

②应在平时加强对业主委员会的指导和适时监督，对一些重大事项如小区物业服务企业的选聘、解聘，业主委员会委员选举、补选，维修基金的启用等方面把好关，积极引导业主委员会向健康有序的方向发展。三是定期对业主委员会成员进行培训，特别是相关政策、法律法规的培训，提高其综合素质和专业水平，摆正业主委员会在小区物业管理中的位置，便于正确行使权力和履行义务。

只有业主委员会真正实现了法制化、制度化、监督化，业主委员会在物业管理中的作用才能得以有效发挥，业主的合法权益才能得到有效维护。因此，建设好业主委员会是实行“业主自治”的一个重要前提，对推动我国物业管理持续健康发展，维护社会稳定，构建和谐社区与和谐社会都具有重要的作用。

“丽娜模式”的思考与借鉴

陈祥磊

物业管理这一行业在中国存在和发展了30多年。这30多年来我们一方面在考察借鉴别人的经验和模式，另一方面又在结合自身的实际进行模式改革创新。30年来，物业管理由不为人知到不可或缺；从政府主导到业主广泛参与；从第一家物业服务企业的成立到第一个业主大会的成立，这一切无不昭示着物业管理行业的成长和发展。2011年，物业管理行业里面一个崭新的经营管理模式，简称为“丽娜模式”被发现和推崇，同时也引来了不少的质疑。本文主要从“丽娜模式”的可行性等方面进行的思考和陈述。

一、什么是“丽娜模式”

“丽娜模式”是指在住宅小区业主内部根据物业的客观性和使用特点两个基本特性，将物业的管理责任在全体业主、业主组团和业主个人层面作出区分，采取“使用者付费”原则实现的“物权自主”的管理机制。①

从其定义可以看出“丽娜模式”的特点有以下几个方面：

(1)将物的客观性和使用特点作为物业管理区域内权责划分的依据

长期以来，物业管理区域内的设备更换和维修的费用一直是类似于改革开放之前的“大包干”“大锅饭”。物业服务企业负责物业管理区域内的设备更换和维修，由此产生的费用由全体业主共同承担。当“各人自扫门前雪，莫管他人瓦上霜”的生活理念还大行其道的时候，广大业主更是只关注自家的好坏，对于公共设施在使用过程当中的不当行为向来是睁一只眼闭一只眼，于是往往东西坏了找不到责任人只有大家一起掏钱，更换没多久又损坏了，最终导致一个“崭新”的小区大家拥有的设备设施却破败不堪无法正常使用，最终影响了整个小区的和谐。

究其原因就在于，长期以来我们缺乏一个有效的确权机制。而“丽娜模式”当

① “丽娜模式”的定义引自《丽娜模式:“区分穷尽的物权自主、量化公开”的物业管理》，作者:崔丽娜。

中依据“物的客观性和使用特点”来区分权责，则使原本没有主的变得有主，没人管的变成有人管，从而使广大业主由对共用事物的不管不问变成积极参与、共同管理。

(2)采用“使用者付费”原则

谁使用谁付费，谁付费谁受益，谁受益谁负责，这本是市场经济铁打的准则，但是改革开放之前的“完全公有制”经济背景下，一切开销全由单位负责的思想主导下，似乎出了家门就可以“毫无顾忌”地大肆使用，坏了总有人修理，钱又不是只有我一个人出(甚至有时根本不需要自己出)的浑水摸鱼的思想大行其道。于是共用的随心所欲地用，自用的小心翼翼。

“使用者付费”的原则，就意味着“无辜”的人不再为他人“不负责任”的行为买单，而行为人就有可能成为某项结果的直接甚至唯一的责任人，如此一来还有谁不会爱护身边的共用设施。

(3)物权自主原则

长期以来，我国物业管理的发展一直忽视了“业主”在物业管理活动中的重要地位和作用，只是强调物业服务企业依据合同向业主提供的服务。那是不是离开了专门的物业服务企业的服务就不是物业管理了呢？显然不是的。

物业管理本身就是人对物业(建筑物及其配套设施设备)的管理，无论是业主自治还是委托专业公司托管都应属于物业管理的范畴。可是，我们在明确是谁去管理的同时必须明确所管理的“物”是谁的。也就是它的最终所有者是谁，是开发商还是物业服务企业，或两者都不是。物业管理区域内的物业除了个人的专有部分剩下的就是全体业主共有。“丽娜模式”中的物权自主原则就是这一点的很好例证。“物权自主”也就进一步明确了，真正对公共区域内的共有、共用部分具有最终决定权的应当是业主，而不是物业服务企业或是开发商。

二、“丽娜模式”的适用性

“丽娜模式”是建立在业主自治的基础之上的，然后通过将整个小区依物和使用原则来界分权责，最终实现各属其主；将除专有部分以外的共有部分，能区分的都作区分，使规划范围内的每个角落都明确权责，都有人管，将分不出去的由全小区的物业费来管。

因此，可以发现，“丽娜模式”存在的基础就在于业主自治，通过这种模式，可以最大限度地调动广大业主的管理积极性。“丽娜模式”的产生和存在，在一定程度上解决了共同部分的确权、业主搭便车以及业主在共同事务的管理中参与的积极性不高等问题。打破了长期以来物业服务企业主导物业管理市场的局面,探索了一条新型的业主自治之路,形成了一种小区物业管理的自然协调机制。

无论是由物业服务企业托管还是小区业主自行管理,归根结底对于物业的管理最终必须落实到人,而人的管理又必须靠好的机制。而一个好的机制照顾的不是某些或是大部分人的利益,好的机制它最终照顾的是群体内全部成员的利益。"丽娜模式"通过确权、明责、量化公开、业主自主等方法,最大限度地调动小区内业主参与管理的积极性,不仅降低了物业管理的成本,而且在一定程度上达到了小区内部的自然和谐。

三、"丽娜模式"的借鉴

前面已经讲到,物业管理走到今天已经在这片土地上存在和发展了30多年,在这30多年里,物业管理行业确实取得了不少的成绩,可是骄人的成绩背后却难以掩盖其现实存在的问题。究其根本,笔者认为目前物业管理行业存在的一系列问题,主要是由以下几个因素促成的:

一方面是目前社会普遍对物业管理的本质认识有偏差。目前,社会上普遍将物业管理定义为保安、保洁等浅层次的工作,国务院颁布的《物业管理条例》更是将物业管理定义为"业主通过物业服务企业,由业主和物业服务企业依照物业服务合同约定,对房屋及配套设施设备和相关场地进行维修、养护、管理、维护物业管理区域内的环境卫生和相关秩序的活动。"这里的物业管理的定义被扩大到小区内的秩序维护等方面,而前面讲过,物业管理实质上是人对物的管理,而对于业主的其他服务只能作为依附于该本质的衍生产品。

另一方面是业主群体不成熟。业主群体不成熟主要表现在:一是对于物业管理的认识停留在看家护院、清洁卫生、修剪绿化、换换灯泡等方面,也就是前面讲的衍生产品,而对于物业管理的本职工作似乎不是很重视,甚至根本就不知道;二是"主人翁"意识不强,物业管理是基于业主对于物业的实际占有和共有的基础之上的,说白了物业应该怎么管是由业主说了算,可是由于业主群体"主人翁"意识的缺失,目前依然受开发商和物业服务企业的左右;三是业主相关专业知识的欠缺,物业管理本身是一项专业性很强的工作,所涉及的建筑物以及共用设备设施的维修养护等是必须具备很强的专业知识才可以胜任的,而业主本身不具备这些知识自然就无法对物业服务企业进行有效的监督。

此外,物业管理行业缺乏一个有效的第三方引导及评价机构。业主意识的不觉醒,物业服务企业的强势,导致目前市场上的物业管理大多偏向于物业服务企业,而业主想管却由于自身不具备相关的专业知识以及工作生活所累无心顾及,此时就急需一个公正的第三方参与进来,代替或指导业主行使监督等权利。

那么,"丽娜模式"到底对于今天的物业管理有什么样的借鉴意义呢?笔者觉得主要体现在以下几个方面:

①回归物业管理本质。前文不止一次的强调,物业管理的本质就是人对物的管理,因此,从事物业管理的工作人员应当将重心放在对于物业管理区域内的建筑物及共用设备设施的维修养护上,最终实现物业保值、增值的目的。

②尊重业主的自主权。业主作为物业的所有者,这正是物业管理存在的基础,因此,在物业管理活动中占据主导地位的应该是业主,对于共用设备设施的转让、出租或是更改等都必须经过业主同意才可。

③调动业主参与管理的积极性。很多物业管理人员在物业管理过程中所遇到的最头疼的问题就是需要业主参与决策,往往因业主参与的积极性不高而不得不搁浅。结果小区内很多小问题就被慢慢拖成大问题,而如何调动业主的积极性?"丽娜模式"就为我们提供了一条很好的办法,那就是让广大业主明确职责,否则就还是在大锅饭里最终搅成一锅粥。

四、小结

"丽娜模式"通过自身的实践为物业管理拓展一条崭新的管理模式,对于如何区分建筑物所有权,如何明确业主的权责等方面都作出了积极的探讨,通过良好的机制来约束和调动业主的积极性,为现行的物业管理模式提供了新的发展方向。

Postscript 后记

金秋十月，田野里一派丰收景象。

沉甸甸的谷穗，以饱满的热情，回报辛勤耕耘的劳作者；金灿灿的橘柚，用香溢四野的芬芳，回敬呵护的人们；莘莘学子走出校门，融入社会，怎能忘记谆谆教诲的老师们！特借本书出版之机，代表全体同学向所有教导过我们的老师们表示诚挚的谢意！

同时，也要感谢参编的同学们。你们是各行各业中最忙碌的人群之一，你们常常是人们得以在家休憩之时，坚守工作岗位，还要挤时间听课、做作业、写文章。为了写得满意一点，有的同学彻夜不眠，反复修改达数次之多。在此，我们也表示深深的感谢！

最后，还要感谢三峡联合职业大学物业管理科学研究所的领导和老师们，他们为本书的结集作了不懈的努力，付出了辛勤的劳动。

由于作者水平局限，本书谬误难免，敬请读者批评指正。

编　者

2014 年 10 月